老いのトリセツ

ちょっとだけ無理をする

義理を欠く勇気

ほどほどがちょうどいい

退屈は思索の場

「読み、書き、お喋り」の絶大な力

大丈夫、何とかなる

「異常なし」でも用心する

「足るを知る」というブレーキ

内科医・杏林大学名誉教授
石川恭三
Kyozo Ishikawa, MD

河出書房新社

老いのトリセツ　＊　目次

第三章　人生の持ち時間

第四章　悠々自宅の一日

老いのトリセツ

まえがき

いろいろなことが頭に浮かんでは消え、また、浮かんでは消えして、まるでローカル電車の車窓から、流れる景色をぼんやりと眺めているように時間が通り過ぎていくのが近ごろ多くなっている。そんなふうにしているとき、ああ、年なんだなあ、と気だるく感じることもあるが、そんなひとときを愛しく思う気持ちもある。

だが、ときには一つのことにこだわって、想いをめぐらせることも私の好きな時間の過ごし方である。そして、そこでの思索を言葉にまとめる作業が私の愉しみでもあり、また、認知機能の衰えが顕著になってきている私の貧脳には格好の脳トレにもなっている。

高齢になってくると、深く思索することが面倒になり、ほどほどのところで納得して、それで一件落着として片付けてしまうことが多くなる。だが、こんなことを続けていると、骨がカルシウム不足ですかすかになる骨粗鬆症《こつそしょうしょう》になって、骨折しやすくなるように、思索不足により脳組織がすかすかになって認知機能が低下し、やがては認知症になってしまうのではないかと、半分くらい本気で不安になる。

私たち高齢者は今まさに、人生の見通しのいいところに立っているので、静穏な心の姿勢を保って思索するにはもってこいの状況にあると言える。私が「老いのトリセツ」の中で心がけていることは、煩瑣《はんさ》な感情を抱かないようにすること、そして、できるだけシンプルにものごとを捉えることである。

私の頭の中に始終あるのは、今、何をしたいのか、という己への問いかけである。それに対する返答として常に上位に来るのは、微力ながら医療に従事することを続けたいこと、折に触れて老脳に去来する想いを駄文に仕上げたいこと、そして、認知症の予防対策を実行して、その効果を医師である自分を通して検証してみたいということである。

外来で担当している患者さんの多くは、私とそんなには年が離れていないこともあって、患者さんが抱えている身体的、精神的な悩みを他人事ではない、ごく身近な問題として理解できる面が多々ある。「あなた」の悩みではなく、「私たち」の悩みとして、ストレートに共有できる、そんな状況で診療できることに、医師としての手応えと喜びを実感している。

たまたま頭に浮かんできた想いに着想を得て、それについて広く思索を展開させて文章にしていくことが、私の老いた脳細胞を賦活《ふかつか》化するうえで不可欠な作業になっている。そして、この作業で仕上がった文章を介して未知の人たちと交流することができるという想いが、今ではかけがえのない喜びになっている。

高齢者共通の深刻な懸念は認知症である。認知症に対する決定的な治療薬が得られていない今、認知症の予防に関心が高まっている。その予防対策として、高血圧、糖尿病、脂質異常症などの生活習慣病の治療と予防、そして、知的作業と運動の継続が必須となる。

医者の端くれである私は、これまで健康的な人間のモデルの一人にならなくてはと、職業的な意識もあって、日常生活を整えることに心を配ってきた。このような生活スタイルが、とりもなおさず認知症予防にも効果的であることが判明されたこともあり、さて、このままの生活を続けることで私の認知機能がどこまで保持されるのだろうかと、治験薬の効果を知りたい気持ちになって私自身を見守っている。

本書が、読者諸兄姉の「老いのトリセツ」の一助になれば幸甚である。

怠惰な私を激励し、温かいご支援を頂いた河出書房新社の太田美穂氏に深甚なる謝意を表します。

令和元年九月吉日

石川恭三

第一章　老いの七味唐辛子

老いの七味唐辛子

——退屈は、ワクワクする思索の場

高齢者は今、人生の大団円の晩餐で、退屈、諦念、羨望、喪失、怒り、後悔、物忘れの七つの苦悩の種を絶妙に組み合わせた七味唐辛子でメインディッシュを仕上げようとしている。

高齢者は自分ではそうと気づいていなくても、気持ちのどこかで時間を持て余しているところがあり、手持ち時間をある程度の厚みで埋めることができないでいる。あたりを見渡しても、どうしても今すぐやらなくてはならないことがない、まるで開店休業のような状態が続くと、否応なしに退屈を感じるようになる。退屈を紛らわすためにに、やたらと忙しく振る舞ってしまうこともあるが、そんなときには時間の無駄遣いをしているような気もしてくる。

退屈は高齢者にゆとりと思索の場を供与している。思索は人間をその人らしくするのに有用な手段だが、それにはそこにある種の退屈があるから可能なのだと思う。私は退屈を感じるときには、今はもっぱら執筆に向けての思索をすることにしている。面白いことに、退屈しているときには、思索の範囲が広がり、それまで考えてもいなかったような執筆のテーマを思いつくことがある。

退屈は甘美な怠惰の温床になってもいるが、おおらかなゆとりを産み出し、時の流れを芳しくさせてもいる。退屈を苦痛として捉えずに、面白がってその中にたっぷりと浸って、怠惰を存分に堪能してみるのもたまにはいい。高齢の身の今なればこそ、そんな贅沢も許されると思うことにしている。

ちょっと無理して、欲しいものに手を伸ばしてみる

自分一人でできないことや、そうとう無理しなければ手に入れることができないことは、今では原則として諦めることにしている。近ごろは「諦めが肝心」と納得する

ことがすっかり身についてきて、無理なことを敬遠することが多くなった。これは、自分の力の限界を明視できるようになったこともあるが、何かをしたい、何かが欲しい、という根本的な欲望が希薄になってきたことにもよると思う。

かつては諦念には未練が執拗につきまとっていたが、今ではそれがごくわずかに見え隠れする程度にまで少なくなっている。高齢者が無欲に見えるのは、諦念という衣装を身にまとっているからでもある。

でも、ときどき諦念の衣装を脱ぎ捨てて、ちょっと無理して、欲しいものに手を伸ばしてみると、結局、それには手が届かなくても、少しいい気分にはなる。

羨望の念は若いころと比べれば、ないに等しいくらいになったと思っているが、今でも一瞬の突風のように襲いかかってくることが稀ながらある。若いころの羨望は夢を叶えるサプリメント的効果があったが、高齢の今では妬み、僻《ひが》みにもなる厄介な代物である。今さら人と比較して、羨望の念を高めても、それでどうにかなるというものではなく、ただ惨めな気持ちで終わるだけで、得るものは何もない。そんなことは百も承知で、それでも羨望の念を捨てきれずにいる、というのが人情であり、それが人それぞれの人間臭さのもとにもなっている。

高齢になるにつれて、配偶者や家族を失う、友を失う、職を失う、健康を損なう、など失うものが増えてくる。このうえなく大切なものが突然、目の前から消えてしまった喪失感は、生きる支柱に倒壊させるほどの大激震を与えることになる。とくに配偶者を失った人にとっては、世の中の半分が真っ暗になってしまったほどの心境だと思う。こうして失ったものはもう二度と戻ってこないし、その代替になるものはない。

半世紀にわたって親交を重ねてきた福岡市在住の親友を失い、心の中に大きな空洞ができた。この何年かは、いつでも会えると安易に受け止めて、会う機会を作るのを怠っていた。それが間違いだった。天気予報で福岡の地名が出てくると、以前は、彼はどうしているだろうかと、懐かしんだものだが、今は彼を亡くした喪失感が甦ってくるのを避けるために、福岡の地名に注意を向けないようにしている。

何年か前に大阪の友人を亡くしてからは、大阪が遠くになった。こうして、親しい人を失うたびに、頭の中の日本地図には空白の部分が増えている。高齢者が寂しそうに見えるのは喪失感が関与しているせいかもしれない。

むっとしたときの粋な心得とは

気に入らないことがあって、むっとすることがあっても、それを表ざたにしないで、ぐっと我慢して丸く収めるのが高齢者の粋な心得の一つである。若いころは怒りっぽかった人が、年をとるにつれて、人間に丸みが出てきて、滅多なことで怒らなくなったということは少なくない。その反対に、高齢になって急に怒りっぽくなったという人がいたら、それは単なる年のせいではなく、認知症の初期症状の可能性がある。

認知症になると、怒りの感情を抑えきれなくなったり、また、今までできていたことができなくなったり、いろいろなことが理解できなくなったことから不安や恐怖にかられて、ささいなことに敏感に反応して怒りっぽくなることもある。

ずっと昔のことを思い出して後悔することがある。今さら後悔してもどうにもならないことだが、後悔の念を持つことが今を注意深く生きるのに役立ってもいる。社会の激流から離れて、平穏無事に過ごしている日々の生活の中でも、後悔することはいくらでもある。オレオレ詐欺に引っかかって大金を騙し取られた、と後悔するような大きな後悔ではなく、ああすればよかった、ああしなければよかった、とささいなことをちまちまと後悔することは日常茶飯事である。そんな日常の小さな後悔が精神の姿勢を調整するのに寄与しているのも本当である。

高齢になれば誰もが物忘れに悩まされる。問題はその程度である。人名や地名や物の名前などがすぐには思い出せないくらいの物忘れなら、ほとんどの高齢者が体験しており、それほど深刻に受け止めなくてもいい。だが、その物忘れの程度が、周囲からも、また、自分でもただごとではないと認識されるくらいになると、認知症の領域に一歩近づいたことになる。正常と認知症との境界領域が軽度認知障害である。高齢になるとたいていの人は、正常と軽度認知障害との間をよろよろ歩いているというのが現実の姿である。

冒頭に書いたように、高齢者は、今、それぞれの人生の畑の中から、退屈、諦念、羨望、喪失、怒り、後悔、物忘れの七つの苦悩の種を収穫して作り上げた七味唐辛子で、人生料理のメインディッシュの味の総仕上げをしようとしている。さあ、どんな味わいになるか、楽しみである。

老気《おいけ》を振り払え
――チャレンジする人には福来たる

色気はいくつになっても多少は身につけておきたいものだが、つきまとってくる老《おい》気《け》は本気になって振り払うにかぎる。老気は、一旦とりつかれたら、なかなか取り除くことができない厄介な代物である。老気の多い人は、自分ではできないと思い込んでいることにがんじがらめになっていて、加齢に伴う身の不遇をかこちながら、他人の助けをじっと待っているような人である。

一方、気の若い高齢者は、他人からは年だから無理だと言われていることにも、できるかどうかわからないが、とりあえず自分でやってみると果敢にチャレンジする人である。

驚くほど若々しいアメリカ在住の友人たち

医師になってすぐに、アメリカへ留学して、そのまま永住している同窓生が五人いる。五人とも臨床医としてそれぞれの分野で大活躍をし、今は引退して日本では考えられないようなスケールの大きな悠々自適の生活をエンジョイしている。

その中の一人（心臓外科医）は、ロスから飛行機で十六時間かけて南米大陸のアルゼンチンとブラジルにまたがる世界最大のイグアスの滝を見に出かけたと、メールで報《しら》せてきた。イグアスの滝は五十代半ばころ、一度見に行きたいと思って計画を立てたこともあったのだが、そのときですら、体力的に無理かなと断念したことがある。それなのに傘寿を越した彼がいとも簡単にそこを制覇したのは、体力の差によるだけではなく、心の持ち方に大きな違いがあるのだろうと思う。

その他、ゴージャスなキャンピングカーで夫人とともにアメリカ各地をめぐって一年を過ごしているという何とも優雅な友人もいる。アメリカ在住の友人たちは、年に一度のクラス会に顔を出してくれるが、みんな驚くほど若々しく、老気を感じさせない。

「自分の年のことを考えて、無理なことはしないことにしている」と言って、傍《はた》からはそれが本当に無理なことなのかと疑問に思うようなことにも、自分から手を出さないでいる人を見かけることがある。簡単そうに見えることでも、その人にとっては難しいことなのかもしれないので、何とも言えないが、それでもその人の日ごろの行動から判断して、そのくらいのことは充分一人でやれると思えることでも、他人任せにしている。

高齢であるから周囲から大事にされて当然だと思うことがあったら、そのときは間違いなく老気が全身に漂っていると考えたほうがいい。

さらに、周囲が老気を煽るようにしていることもある。本人が自分でしようとしても、周囲が危ないからとか、無理だからとして、まるでヨチヨチ歩きの幼児のように扱って、それをさせないようにしてしまうことがよくある。高齢者養護施設では、入所している高齢者に怪我をさせないように管理する責任を重視するあまり、入所者の自発的な行動を過度に制限し、その結果、筋力を著しく低下させ、寝たきり状態に至らしめてしまう、という事態が発生する可能性も憂慮される。私も、家で重いものを持ち上げて運ぼうとすると、周囲からストップの声がかかって、やめることがある。

そのときは、このくらいなら何とか運べるのにと思うのだが、これより軽いものを運ぼうとして、ギックリ腰になって大騒ぎしたことがあったことを思い出して、まあ、やめておいたほうが無難かな、と断念するのだが、自尊心の一角に疼《うず》きを感じるのも確かである。そして、こんなことを続けていると、いつか自分一人では何もできなくなってしまうのではないかと不安が募ってくる。

電車を降りて改札口に向かうとき、エスカレーターがすぐ近くにあれば、迷うことなくそれを利用するが、すぐ近くには階段だけしかなく、エスカレーターやエレベーターがあるところまでは、ちょっと歩かなくてはならないときには、さあ、どうしようかと迷う。ちょっと前までは、ごく自然に階段を上っていたのだが、今では数回に一回くらいは、階段をやめて、エスカレーターやエレベーターを利用することがある。

それは、膝や腰が気になるからというのではなく、ただ、ちょっと楽をしたいという怠慢な老心によるものである。だが、そんなときは、いささか格好の悪さを感じて、やはり階段を上るべきだったとちょっぴり後悔する。

老いが押し寄せるのは、理想を失ったとき

サムエル・ウルマンの「青春」の詩に有名な一節がある。

「青春とは人生のある期間ではなく、
心の持ちかたを言う。
薔薇《バラ》の面差《おもざ》し、紅《くれない》の唇、しなやかな手足ではなく、
たくましい意志、ゆたかな想像力、炎《も》える情熱をさす。
青春とは人生の深い泉の清新さをいう。

青春とは臆病さを退ける勇気、
安きにつく気持を振り捨てる冒険心を意味する。
ときには、二〇歳の青年よりも六〇歳の人に青春がある。
年を重ねただけでは人は老いない。

理想を失うとき初めて老いる。

歳月は皮膚にしわを増すが、情熱は失えば心はしぼむ。

苦悩・恐怖・失望により気力は地に這い精神は芥《あくた》にある。」

（『青春とは、心の若さである。』サムエル・ウルマン著、作山宗久訳、角川文庫ソフィア）

この年になって、この詩を口ずさむと、正直、気恥ずかしくなるのだが、その一方では、そうかもしれないと納得したい気持ちになるし、また、そうでありたいという憧憬の念が強まってくる。今の私は、薔薇の面差しとは程遠い皺・しみの面差しだし、紅の唇とは似ても似つかない梅干のような色合いだし、また、しなやかな手足どころか、操り人形のようなごつごつしたしぐさになっている。

だが、そんな私でも、たくましいとまでは言えないが、それなりにしっかりしていると自負している意志はあるし、まずまずの想像力も、ほどほどの情熱も手離さずに持っている。

そうなると、傘寿を越したこの私も心の持ち方次第では、青春の近くにたむろしていられることになるし、さらに、臆病さを退ける勇気、冒険心、そして、理想を持つことで、青春の心を甦えらせることができることになる。

宗教哲学者のマルチン・ブーバーは「始めることさえ忘れなければ、人はいつまでも若くある」と言ったが、ウルマンの青春の必要条件を満たしていれば、始めることを忘れないでいられるのは間違いない。そう思うと、心の芯がぴんと張って、力がにじみ出るように感じられてくる。

なんだ坂、こんな坂、老いの坂

――自分を鼓舞させる魔法の掛け声

近くの郵便局へ行くときの、緩やかだがちょっと長い坂道や、勤務先の病院や駅で階段を上るときなどには、いつのころからか、「よいしょ、こらしょ」ではなく、童謡「汽車ぽっぽ」（作詞・作曲＝本居長世）の一節、「なんだ坂、こんな坂、なんだ坂、こんな坂」と、口の中で呟くのが癖になった。こうすると、体の奥のほうからじわじわと力が湧きあがってくるように感じられるから不思議である。

「なんだ坂、こんな坂」は、坂道や階段を上るときだけではなく、いろいろな場面でも呟いている。スポーツジムに通い始めてもう三十年以上になるが、三年ほど前まで続けていたエアロビクスは体力の限界から卒業して、今は筋トレとスイミングに切り替えている。

筋トレは、高齢者がしばしば遭遇する転倒を防止するために、下肢の筋肉強化を目的に五種類のマシーンを使って行い、スイミングは心肺機能を高める有酸素運動として平泳ぎをしている。平泳ぎは二十五メートル泳いで少し休むという超スローペースで三百メートルを泳ぐことにしているが、これでも私にとってはかなりハードで、最後の百メートルでは、「なんだ坂、こんな坂」の連発のし通しになる。

小学五年の孫息子がスイミング教室で軽く二、三千メートルをぶっ通しで泳ぐと聞いて、せめてその十分の一くらいはと、今のところ三百メートルをノルマにしているが、内心ではそろそろ二百メートルにしようかと、弱気になっている。

「面倒くさい」という気持ちに抗うために

動き回るよりじっとしているほうが性に合っている、と言えば格好のつけすぎで、要するに私は根は横着者である。ところが、現役のころは、そんな自分の地を出してすんでいられるような生易しい状況ではなかったので、めまぐるしく動き回る生活を続けていた。当時は、じっとしているより動き回っているほうが性に合っていると思っていたのかもしれない。

だが、定年退職して仕事が四分の一ほどになり、社会との付き合いも急速に少なくなってくると、現役時代のあのフットワークの軽い、外向的な行動が一気に萎《しぼ》み、生来の内向的で横着な性格が甦ってきた。今では、何かをしようと思うと、すぐに面倒くさいなあ、とそれを阻止する気持ちが出てきてしまう。

それでも何かをしなくてはならないと覚悟を決めて始めるときなどに、「なんだ坂、こんな坂」と何度か口の中で唱えていると、やがてその気が出てくるようになる。

長篇小説を読んでいて、途中で飽きたり、疲れたりすることがある。そんなときには、もう読むのをよそうかと思うこともあるが、たいていはせっかく読み始めたことでもあり、途中で諦めるというのも釈然としない気持ちになって、読み続けることになる。そんなときには、「なんだ坂、こんな坂」の掛け声をかけているような気がしてくる。

今、読んでいるのは司馬遼太郎氏の『翔ぶが如く』（全十巻・文春文庫）である。

この本を最初に読んだのは三十年以上も前のことで今度が二度目になる。NHKの大河ドラマ「西郷《せご》どん」の放映開始に合わせて一年かけて読みなおすことにした。

この本は史実に基づいて丁寧に描かれている部分も多く、史的興味をそそられる面が多々あるのだが、その反面、エンターテイメント的な要素が乏しく、愚蒙な私には読み進めていくのにかなりの努力が必要になってくる。しかも、一行四十三文字、一ページが二十行と小さな文字がびっしりと詰まっている文庫本であり、老眼にはかなり難物の読み物である。

この本以外にも並行して読んでいるものが何冊かあるので、週に二回か三回しか『翔ぶが如く』には割いていないのだが、一回に十〜十五ページほどを目安に読むことにしている。だが、読んでいて途中で疲れたり、飽きたりして、「なんだ坂、こんな坂」と呟きたくなることがよくある。

もう一度、自分を取り戻すラストチャンス

運動障害を改善するためにリハビリの治療を受けている人は、期待通りに機能が改

善しないことに苛立ちながらも、ここで諦めたら今のままの不自由な体でこの先ずっと過ごすことになるかもしれないと承知しているので、毎日こつこつとリハビリに励まざるを得ない状況にある。それこそ、「なんだ坂、こんな坂」を連発しながらの難行苦行を続けなくてはならない。

下肢の骨折で入院治療を受けた高齢者が医師の勧めにしたがって、早期から積極的にリハビリを行った場合は、運動機能の回復も早く、認知機能に障害がみられることなく退院することが多い。ところが、リハビリに非協力的な人は、当然のことながら運動機能の回復は遅く不完全になり、入院期間も長くなり、そのうえ、認知機能が低下し、場合によっては認知症を発症することもある。

辛くて、惨めで、先の見えない千辛万苦のリハビリだが、高齢者にとっては、もう一度自分を取り戻すためのラストチャンスと思ってチャレンジしてほしい。

今、減量と血中のヘモグロビンA1c値（糖尿病の重症度の指標の一つ）を下げるためのダイエットに、まさに「なんだ坂、こんな坂」の思いで、涙ぐましい努力をしている人たちが日本全国で想像を絶するほどいるに違いない。

その根拠は、糖尿病有病者と糖尿病予備軍がそれぞれ約一千万人と推定されており、二十歳以上の人口を一億人とすると五人に一人が糖尿病ないしはその予備軍となることや、四十〜七十四歳では男性の二人に一人、女性の五人に一人が糖尿病と密接に関係しているメタボリック症候群を強く疑われる者、または予備軍とされていることである。

「なんだ坂、こんな坂、老いの坂」と頑張って上らなくてはならないのは、高齢者の四人に一人はなるとされている認知症ないしは軽度認知障害（認知症の前段階）にならないための坂である。そこには、読み、書き、ソロバン（簡単な計算）などの知的作業をする、お喋りを介して周囲の人たちとの密接なコミュニケーションを保つ、早歩きをする（三十分間、週に三回を目安に）などいくつもの坂がある。

私はこれらの坂を「なんだ坂、こんな坂、老いの坂」と言いながら息を弾ませて上っているのだが、それが苦痛でもなんでもなく、結構、面白いのである。

老いの気まぐれ
――おとなしい老人になってはいけない

思い立つとすぐにそれをやりたくなる衝動にかられるのは、もう若いころからの性癖で、この年になって、多少は収まってきているように自分では思っているのだが、傍からはそうは見られていないかもしれない。

大学で教職についていた若いころは、愚鈍な大脳もそれなりに、思考プロセスをフル回転させていたのだろうと思う。研究に関するさまざまなアイディアが突然、浮かび上がってくることがよくあった。私は年季の入った朝型人間なので、日曜日でも早朝から論文を書いたり、専門のジャーナルを読んだりしていた。

不思議なことに、国際的に高く評価されているアメリカの循環器専門誌に採用された論文の研究テーマの多くは、この早朝に思いついたアイディアが元になっていた。私はこれぞと思ったアイディアが閃《ひらめ》いたときには、メモに書くと同時に、たいていの場合、すぐにそのテーマの研究を主導するに相応しい教室員を呼び出して直接、指示することにしていた。

日曜日はとくに気合が入っていて、朝の五時ごろには、カフェインたっぷりの玉露のがぶ飲みで、頭はぴんぴんの興奮状態になっていて、いろいろなアイディアが気まぐれに飛び出し、錯綜状態になっていることがよくあった。そんなときに浮上してきたアイディアが後になってみると、大したことではないとわかっても、そのときは滅多にない素晴らしいアイディアに思えて、早朝でも教室員に電話で指示を与えるという、今ならパワハラとして問題視されかねない暴挙に出ることが度々だった。

この早朝の敵機来襲ともいえる電話を受けることが多い医局員たちは、とくに日曜日の朝は戦々恐々としていたというのだが、その一方では、国際的なレベルの筆頭研究者としての論文をそれだけ多く持っている研究者でもある。

そんなわけで、私は折り紙つきの気まぐれ屋であったし、今も周囲からはかなりの気まぐれ屋だとみなされているのだろうと思う。

生活に新風を吹き込む方法

今は週に二日しか仕事をしていないので、閑《ひま》な時間がたっぷりとある。その閑の時間をどう使おうと自由なので、そのときどきで老いの気まぐれが飛び出して、好き勝手のことをしている。かつて、ＪＲ東海の広告に「そうだ 京都、行こう。」というなかなか響きのいいものがあった。この広告を見るたびに京都へ行きたくなった。

それと同じ発想で、「そうだ、あそこへ行こう」と急に思い立って、家内をそそのかすことがよくある。テレビの旅番組を見ていて、急にそこに行きたくなって、インターネットで調べてみるのだが、調べているうちに、だんだんとその気がなくなってきて、「そうだ、そんなことより……」とまったく違うことが思い浮かんで、そのほうに関心が移っていくという気まぐれなプロセスが今では常套化している。

手紙、メール、電話で昔の友人と話してみる

そうだ、あの人に手紙を出そう、メールを送ろう、会ってみよう、電話をしよう、と急に思い立つことがよくある。これは単なる気まぐれ的な発想で、それまで考えてもいなかったように思えるのだが、本当は意識下ではそうしたいという願望が根付いていたのだと思う。

ある日、手紙のやり取りはしていたが、もう何年も会ってもいないし、電話で話もしていない五十年来の友人が急に頭に浮かんできて、ほんの気まぐれに電話をした。ひさびさに友人の声を聞いて、長年の空白が一気に埋まったような気がして、そのまずっと話していたい気分だった。だが、電話の向こうでは長距離電話の料金に気を遣っているらしい夫人の気配が感じられて、未練が残る中で電話を閉じた。それから半年後に訃報が届いた。

あのとき、ほんの気まぐれに電話をしたのだが、そこには虫の報せとでもいうか、何か特別な意味があったのかもしれない、という思いがある。

日々の生活がマンネリ化してくると、大脳への刺激が少なくなり、認知機能が低下してくるといわれている。気まぐれでも何でもいいから、マンネリ化した生活に活を入れるために、それまでとはまったく違ったことを始めてみてはどうだろうか。歌謡ショー、落語演芸会、クラシック音楽会などに出かけたり、語学、パソコン、太極拳、茶道、華道などさまざまな市民講座に参加するなど、周りから老いの気まぐれと揶揄されるかもしれないが、自分に活力を与えるために積極的にチャレンジすべきである。

いつもと同じことをしている、おとなしい老人を続けていると、やがて認知症の領域に足を踏み入れることになる。気まぐれの波に乗って、生活に新風を吹き込んで愉しんでみるのもまた一興である。

バラ、バラ色の人生
――気持ちを上げる実践法

人生のところどころに、バラ色に輝いた時期がバラ、バラと点在していたというのが大方の人の人生なのではないだろうか。そのバラ色に輝いた時期がほんのつかの間のことであったにせよ、それがあったからこそ、まあ何とかここまでへこたれずにやってこられたと思っている人も少なくないだろう。私もその中の一人である。

黒い色でぬられた時期も何度かあったが、そのころはまだ、体力も気力も今とは比べようもないほどたっぷりとあったので、籠城の気構えで耐えきることができた。

こつこつやる「ずく出し」は役に立つ

テレビで信州の旅番組を見ていたとき、信州人の特徴の一つに「ずく出し」があるとのことだった。この「ずく出し」というのは、面倒くさいことをこつこつやることを言うのだそうで、私の性格とよく似ている。もしかしたらそれは、長野県出身の父のＤＮＡを引き継いでいるせいなのかもしれない。

先の見えない暗黒の時期に、ずく出しで仕上げたささやかな研究が日の目を見たことで、すくんでいた気持ちを一気に立ち上がらせることができた。そのことが暗闇から抜け出す勇気と気力の原動力になったと思っている。長い目で来し方を眺めてみると、まさに禍福は糾《あざな》える縄の如しであったと、今、ここにこうしていられることが奇跡のようにさえ感じられる。

さて、これから先の時期をもう一度バラ色に染め上げるとしたら、どのような工夫が必要であろうか、と閑にまかせて考えてみた。そして、すぐに思いついたのは、何をおいても、まず自分がバラ色に輝くように明るく振る舞ってみせることだった。

高齢者はややもすれば暗い存在になりがちなので、内心はどうあろうとも、とにかく明るく振る舞うことである。明るくしていれば、周りに人が集まってきて、いっそう明るくなる。そして、周りの人たちを笑わせて明るい雰囲気を醸し出せば、自分もその恩恵にあずかって明るい気持ちになれる。それが確実にバラ色に輝く第一歩になると思う。

ふだんから、笑いの種を仕込んでおく

そこで私は、いつでも周りから笑いを誘い出せるように、いくつもの笑いの種を仕込んでおくように心がけている。そのネタ元になるのはいくつもある。私は新聞の歌壇には必ず目を通しているが、そこに笑いを誘う和歌や川柳があれば、ノートに書き取って覚えることにしている。

たとえば、「まだまだと油断していた物忘れ　後《うしろ》から来て肩を叩けり」（「産経歌壇」野口啓子氏）、「いくつまで　お前は生きるつもりかと　自ら問いつつ人間ドック」（「産経歌壇」臼杵礼太郎氏）、「耳で鳴き木でも鳴きたる蟬の声　遠き近きと飛び

渡るかな」(「産経歌壇」山中哲夫氏)などは、外来診療の際に患者さんに伝えて何度か笑い合ったことがある。

「笑点」という人気テレビ番組で放映されたものの中で、とくに笑いを巻き起こしたものとしてインターネットで紹介されたものがある。これは十八歳と八十一歳との違いを笑点の六人のレギュラーメンバーの落語家に訊いたときの回答なのだが、それがブラックジョークながら風刺がきいていて実に面白い。

「道路を暴走するのが十八歳、逆走するのが八十一歳」「心がもろいのが十八歳、骨がもろいのが八十一歳」「恋に溺れるのが十八歳、風呂で溺れるのが八十一歳」「偏差値が気になるのが十八歳、血糖値が気になるのが八十一歳」「受験戦争を戦っているのが十八歳、アメリカと戦ったのが八十一歳」「まだ何も知らないのが十八歳、もう何も覚えていないのが八十一歳」「東京オリンピックに出たいと思うのが十八歳、東京オリンピックまで生きたいと思うのが八十一歳」「自分探しの旅をしているのが十八歳、出かけたまま分らなくなって、皆が探しているのが八十一歳」「〝嵐〟というと松本潤を思い出すのが十八歳、鞍馬天狗の嵐寛寿郎を思い出すのが八十一歳」などは、まさに笑いを誘う絶好の材料になる。

その他、サラリーマン川柳、シニア川柳などにも笑いの材料が豊富に詰まっているので、これらにも目を通して、気に入ったものがあれば書き取って、笑いの誘発材料として保存している。

これから先の時間をバラ色に仕上げるためには、周りの人たちとの円滑な人間関係を保つことが不可欠である。そのためには、まず相手が嫌がることをしないこと、そして、さらには相手が喜ぶことをするように心がけることである。これは、言うは易く行うは難しではあるが、そのような心構えでいれば、自ずとそのようになっていくものである。

だが、ここで注意しなくてはならないことは、ごく身近な近親者は別として、親しい間柄の人とでも適切な距離を保って付き合うことである。一線を越すことで険悪な状況になることがよくあるからである。

これからの人生をバラ色にする有力な手段をもう一つ加えるとすれば、それは働くことである。もう、これまでさんざん働いてきたので、定年後は毎日を日曜日にして、働かずに自由気ままに暮らしたいという人も少なくないだろう。それも当然あって然るべき選択肢の一つであり、悪くはないと思う。

とはいえ、そうして始めた憧れの生活に、次第に充実感を見出すことができなくなって、今は閑を持て余して気だるい日々を過ごしていると嘆いている人が私の知る限りでも何人もいる。その人たちの今はバラ色からは程遠いものである。

働ける人は働くことをもう一度考えてみてはどうだろうか。しかし、もうこれまでのキャリアと地続きの仕事はまずは望めないと思ったほうがいい。定年退職したことで、それまでのキャリアからはすでに「終わった人」になったと自覚しなくてはならない。働いていくばくかの収入を得なければ、日々の生活に支障をきたすというのでなければ、沽券に関わると思う仕事にはあえて手を出さないほうが無難である。

それは、武士は食わねど高楊枝的な見栄も、ときにはこれまで築き上げてきた生き方の矜持を保つうえであってもいいと思っているからである。しかしながら、多少気に入らない仕事でも、面白がってやってみると、案外、自分に向いていると思えるようになることがあるのも本当である。

やるべき仕事があるという自覚を持つことで、人は生きる力を産み出すことができる。どんなに高齢になっても、働ける人は働くことにチャレンジする意気込みを持ってほしいと思う。

大丈夫、何とかなる
——前向きな言葉の効用

お元気ですか、と訊かれると、おかげさまで、元気にしております、と反射的に答えるのが普通だが、面白いことにそれほど元気でなくても、一度、元気です、と口にすると、なんだか本当に元気になったような気分になってしまうから不思議である。

そして、お元気ですかと訊かれたほうも、お返しに、そちらさまもお元気ですか、と言い、相手もおかげさまで元気にしております、と笑顔で答えることになる。

これは欧米でも同じである。

“How are you?”（お元気ですか?）

“Fine, thank you and you?”（元気です。ありがとう。あなたはいかがです?）

"Fine, thank you."（元気です、ありがとう）

こんな儀礼的な元気の押しつけ合いのような短い挨拶でも、ほんの一時的にしろ、双方が元気になれるとは、摩訶不思議なことである。

その反対に、始終、ああでもない、こうでもないと、不平、不満を口にしている人と話をしていると、こちらも同じようなことを口にするようになって、次第に気持ちが沈んでくる。言葉には言霊《ことだま》が宿っていて、その言葉を耳にしたり、口にしたりすると、言霊の力に引っ張られて、言葉の意味する方向へと気持ちが押しやられることがある。

楽観的に耐えることで、最終的に勝機を手にする

「ああ、なんて気持ちがいいんだろう」

散歩に出たときに口に出して言って、大きく深呼吸をすることがよくあるが、そんなとき、その言葉につられて、気分が高揚してくるのを感じる。

たいていのことには、いい面と悪い面とがある。それをどのように受け止め、対処

するかで生きる姿勢に大きな違いがでてくる。

たとえば、物事のいい面に軸足をおいて考える人は、

「耳は遠いんですが、目はよく見えるんで助かっています」

と言って、明るい顔をしているが、悪い面へのこだわりが強い人は、

「目はいいんですが、耳が遠くて困っているんです」

と渋い顔になっている。これと同じような場面に遭遇することはいくらでもある。

「ああ、いい天気で気持ちがいいなあ」

と言う人のそばで、

「でも、日に焼けそうでいやだわ」

と呟く人もいる。

「うわあ、美味そうだなあ」

と目を輝かせている人に向かって、

「う〜ん、でも、高カロリーで太りそうだなあ」

と水を差す人もいる。人それぞれに、考え方、感じ方に違いがあって当然だが、そ

れを表に出すときには周囲の人たちへの気配りも大切である。

「悲観論はあらゆる好機の中に困難を見つけ、楽観論はあらゆる困難の中に好機を見つける」と、元英首相のウィンストン・チャーチルは言っているが、まさにその通りだと首肯できる場面が私の人生の中にいくつもあった。もう諦めたほうがいいと誰もがそう思って忠告してくれた状況にあっても、何とかなるだろうと楽観的に構えて、とにかく耐えに耐えて、最終的に勝機を手にしたことがこれまでに何度もあった。

私は折り紙つきの楽天家である。この楽天的な気性は多分に母親から受け継いだものだろうとは思うが、それにもまして、これまで出会ったさまざまな厳しい局面を楽天的に捉えて対応することで切り開くことができたという自信が、もともとの楽天的な気性に磨きをかけたのだと思う。

難しい局面に遭遇したとき、

「大丈夫、何とかなる」

と繰り返しそう思っていると、本当にそうなるような気がしてくるし、事実、そのようになったことが何度もあった。

それとは反対に、

「もう、駄目だ、どうにもならない」

という思いから抜け出せずに悶々としていると、結局、そのようにしかならずに終わってしまうことも多かった。

実は四人に三人は、認知症や予備軍にならない

認知症の前段階といわれる軽度認知障害を含めると、六十五歳以上の高齢者の四人に一人が認知症ないしはその予備軍であると二〇一五年の厚生労働省からの報告がある。この報告をみて、その四人のうちの一人の認知症ないしはその予備軍に自分が入るかもしれないと悲観的に思う人もいるだろうし、そうでない四人のうちの三人に入るだろうと楽観的に思う人もいるだろう。

医者としては、高齢の患者さんには、四人のうちの一人にならないように、予防対策を勧めているが、内心では四人に三人は認知症ないしは予備軍にはならないので過度な心配をする必要がない、という気持ちで患者さんに接しているし、私自身もそう

思っている。

オランダのユトレヒト大学医療センターでの十五年間にわたる大規模な研究で、楽天的な性格の中高年の男性は心臓血管疾患により死亡するリスクが少ないことが明らかになった。私の臨床経験からも、心臓血管疾患で亡くなった人には楽天的な性格の人はあまりいないという印象がある。

もうそんなに多くの時間が残されていない今こそ、どうにもならないことにくよくよしないで、なりゆきにまかせて、とにもかくにも、明るく楽しく振る舞うことだと自分に言いきかせている。

老いの濃と淡

——暗い性格は変えられる

その人がいるだけで、その場の雰囲気がぱあっと明るくなる人もいれば、逆に暗くなってしまう人もいる。どうしてそうなるのかよくわからないが、私一人がそう感じるのではなく、その人が有名人でも、よく知っている仲でもないのに、多くの人が同じように感じるところをみると、そういう人からは何か霊的なオーラが発散していると言っていた人がいたのを思い出して、なるほどそうかもしれないなどと、思ってしまう。

日ごろから明るく振る舞っている人からは、身についた明るさがにじみ出てくるのかもしれないし、その反対に、暗い雰囲気の中に閉じこもっている人には、その暗さが体にしみこんでいて、どこにいてもその暗さが表面に現出してくるのかもしれない。そんな気さえする。

性格は一朝一夕で変えられはしないが、このようになりたいと思う性格を役者になったつもりで、そのように演じることで、時間はかかるが、ある程度までには変えられると思う。私もそう思って変えたつもりでいるところがいくつもある。暗い性格の人が明るく振る舞うことを意識的に続けていると、やがては、暗さが薄らぎ、明るさの兆《きざ》しがほのかに感じられるようになるのは間違いない。

生来の性格は滅多なことでは変えられないというのは、本当でもあり、また嘘でもある。子供のころならまだしも、大人になってからでは、芯の芯から性格を変えるのは至難であることは確かだが、心底から本気になって性格を変えようとすれば、高齢になってからでも、目指す性格の間近なところまで到達することは可能だと思う。それが可能であることは、高齢になってからでも、ネクラ人間からネアカ人間に華麗に変身した人を何人も見てきたことからでも明らかである。

政治家や芸能人は濃い個性の人が多い

明るい人は大好きだが、明るすぎずに、ほどほどがいい。明るすぎる人と一緒にいると、ゆっくり歩きたいのに、せかされて早足で歩いているようで、正直、疲れることがある。とくに体調が悪いときに、明るすぎる人にそばではしゃぎまわられると、熱射病になったようで朦朧とした気分にさえなる。同様に、テレビのお笑い番組で、ただやたらと騒がしく、陽気に振る舞っているのを見ていると、一生懸命笑わせようと頑張っているのはわかるが、次第に疲れてきてチャンネルを替えてしまう。

油絵具のような濃い色の個性が全身からあふれ出ている人もいれば、水彩絵具のような薄い色の個性をさり気なく出している人もいる。政治家や芸能人には濃い人が多い。目立たなければ、政治家は選挙に勝てないし、芸能人はテレビや寄席からお呼びがかからない。そうなると、何とかして自分を売り込むためにも、個性を色濃く表面で出すように努めなくてはならないのだろう。

これは私の個人的な好みなのだが、濃すぎる人はどうも苦手で、患者さんでなければば、できるだけ距離をおいた関係を保つようにしている。したがって、長いお付き合いをしていただいている人たちは、多少濃いめの人がいないではないが、ほとんどの人は薄い人である。薄い人と一緒にいるときは、ときには退屈することはあるにはあるが、とにかく疲れることがなく、和やかな気分で過ごすことができる。

でも、こんな呑気なことを言っていられるのは、大学を定年退職してからであって、それまでは、好きだの、嫌いだのと言っていられるような生易しい状況ではなかった。今なら即刻逃げ出したくなるような人とでも、付き合わなくてはならなかったし、それが平然とできていたのである。

薄めの人間に戻って、安穏な日々

私は優柔不断な性格で、元々は典型的な薄い人間なのだが、現役ばりばりのころは、強靭な濃い人間への変身願望があり、それが半ば成功していた。その結果、頑強な甲《かっ》冑《ちゅう》で身を固めた、いかにも強そうな武将のように受け止められていたのではないかと思う。周囲からは相当濃い人間に見られていたのだと思うし、その当時は、私自身もかなり濃い人間だと思っていた時期があった。

だが、定年退職してしばらくしてから、それまでの重くて窮屈な甲冑から解放されて、軽い普段着を着ているように感じられ、今ではすっかり生来の薄めの人間に戻って、安穏な日々を過ごせている。

かつて大学病院の内科学教室を主宰していた当時の仲間が年に一度、都内のホテルに集まって同門会を開いてくれている。そこに集まってくるOBは還暦前後の、まさに人生の最盛期に君臨しているつわものである。

活力が吹き出ている彼らの目には、生来の薄い人間に戻りつつある（と思っている）私は、老いさらばえた哀れな老人に見えているのかもしれない。そう見られてもしかたがないとしながらも、このままじゃまずいと反発する気持ちがまだしっかりと残っているという自覚は健在である。

欲は人生の調味料
――「足るを知る」というブレーキ

日産元会長のカルロス・ゴーン氏の傍若無人とも言える強欲ぶりは、「ゴーン欲」と呼ぶに相応しいかもしれない。新聞の報道によると、ゴーン氏の平成二十九年度の報酬は開示制度の導入以来最高の約二十四億円だった。ところが、有価証券報告書には七億五千万円と記載されており、約十六億六千五百万円を過少に記載した疑いがあるとのことだ。さらに、八年間さかのぼっての過少記載の総額は九十億円にもなるという。

それに、毎年、自身の報酬額を自分で決めており、金額は十数億円の年もあれば二十数億円の年もあったようだ。役員報酬の開示が義務化された平成二十二年以降は、株主からの高額批判を避けるために、有価証券報告書には十億円前後と記載し、本来の報酬との差額は退任後に受け取ることを自ら決定していたという。

日産クラスの大会社のトップの一年間の報酬として、どのくらいが妥当なのかは見当もつかないが、ゴーン氏の二十数億円はいくらなんでも、ぼったくりすぎだろうというのが率直な実感である。その実感には、ごく普通のサラリーマン生活を長年送ってきた身の僻《ひが》み根性も多分に加味されているとは思うが、ゴーン氏の報酬が一般常識のレベルから大きく逸脱していると認識するほうが普通だと思う。

まあ、それはさておくとして、そんな大金を一体、何に使うのだろうか、とやっかみと野次馬根性で知りたくなる。食べたり、飲んだり、着たりの贅をいくら尽くしても、そんなのはたかが知れている。住むところも会社におんぶに抱っこのところがいくつもあるらしいから、住居に使う費用も、庶民感覚からすれば想像を絶する高額になるのだろうが、彼の報酬からすれば大した額にはならないだろう。

それにしても、どうにも理解できないのは、すでに一生かかっても使いきれないほどの大金を手にしているであろうに、それでもなお、法律に触れることをしてまでも、報酬をさらに増やそうとしているその本意である。まだ、足らないと思っているのだろうか。

欲望へのアクセルと「足るを知る」のブレーキ

私たち庶民は、欲望へのアクセルと「足るを知る」のブレーキを慎重に調整して、制限速度を保つようにしているが、ゴーン欲級の人は、モーターサーキットのコースでの走行のように、ブレーキを開放にして、アクセルを最大限に踏み込んでの時速三百キロ超のスピードでも、まだ遅いと満足しないような人なのかもしれない。

私たちは多くの欲にとらわれているが、中でも性欲、物欲、金銭欲、名誉欲、権力欲、とは多かれ少なかれ関わりを持っている。高齢になれば自ずと性への関心は、死火山とまではないとしても、休火山的な状態にはなっていよう。だが、その他の欲はすべて、さまざまな活動が続いている活火山状態のままなのだろう。

物欲、金銭欲、名誉欲との付き合い方

物欲は何歳《いくつ》になってもなくなるものではないが、高齢になると、日々の生活にとくに必要なものでもないかぎり、何としてでも手に入れたいと思うような熱のこもった欲ではもうない。あればいいが、なければないでそれでもいい、といった物欲であることが多い。デパートへ行っても欲しいものが何もないのは寂しいものだよ、と今の私くらいの年だった義父はよく口にしていたが、まさにその通りだと納得している。

金銭欲は微妙である。収入が年金だけとなると、それだけでの生活ではいささか窮屈なものになるので、これまで老後のためにと、こつこつと蓄えてきた虎の子の資金を少しずつ切り崩して補塡することになる。だがこの先、病気で入院することにでもなれば、かなりの出費となり、今のままの老後資金で、これからの全人生を賄うことができるだろうかと不安になる。

そんな高齢者の不安につけこんでの儲け話の詐欺に引っかかって、老後資金を根こそぎ剝ぎ取られたという悲劇が度々起きている。どんなに確かな筋からの話であって

も、うまい儲け話などまずないと思って、乗らないことである。高齢者には、ハイリスク、ハイリターンの話はもはや禁忌である。

老後資金の目減りを少しでも食い止めるためには、無駄遣いを控えることはもちろんだが、やはり働いて少しでも収入を得るようにすることが肝要である。人生百歳時代に向かっている今、働けるうちは働くのが原則である。これから先の人生は、これまで考えていたよりはるかに長い。

そうなると、蓄えてきた老後資金の目減りを少なくするだけでは充分ではなく、老後のための資金を積極的に増やす意気込みで働かなくてはならないと思う。

年をとり現役を退いても、夢をもう一度とは言わないまでも、かつて自分に備わっていた名誉や権力のひとかけらくらいでも手に入れられたらと心の片隅で願っている人は少なくないのではなかろうか。高齢になっても、周囲の目を気にすることもなく、名誉や権力に強い関心を示して行動している人とは離れていたいと思う。

そうかといって、ささやかな名誉や権力にもまったく無関心という人は、あまりに透明すぎて、近づきがたい人に思われてしまう。多少なりとも名誉欲や権力欲を保持することが、精神を高揚させ、生活に活力を与え、生産的エネルギー創出の意欲を引き出すうえで無視できない効果があると思う。

欲は人生の調味料である。さて、これからの残生の味付けをどのようにするか、腕の見せどころである。

第二章　老いは笑って吹き飛ばせ

果報は「練って、練って、念じて」待て

――認知症にならない人生

やるだけのことはすべてやった、あとはただじっと果報を念じて待つだけ、といった運命の岐路に立った経験は誰にでも一度や二度はあっただろう。

私は子供のころから夢のような途方もない目標を立てて、それに向かってがむしゃらに突進するという性癖があった。実際にそんな大それた目標に到達したことはきわめて少なかったが、それでも、いくつか奇跡的に到達できたこともあった。

その中の最大の一つは、地方の病院勤務から大学で研究できるポジションを手にしたことだった。そのときの客観的な状況は、そんなチャンスが到来するようなものではなく、逆境のど真ん中だった。それはプロ野球の世界で言えば、一軍へ上りたいと

頑張っていた二軍選手が、そこでもベンチにさえ入れてもらえない状況にいたとき、突然、他の球団から一軍選手に引き抜かれたようなものだった。

そんな果報を手にすることができたのは、もしそんなチャンスが目の前に来たとき、そのチャンスを自分のものにするだけの力をしっかりと身につけておかなくてはならないと、夢のようなことを想定して、愚鈍だからこそできた、気が遠くなるような時間のかかる手作業の研究に専念したからだと思う。

今、振り返ってみると、あのときの三年間が私の人生で、最もエネルギッシュに生きた時期の筆頭であった。

果報はそうそうめぐってくるものでもないし、たとえ果報がすぐ近くに来ても、確実にそれを確保するための準備ができていなければ、取り逃がしてしまうことになる。果報はただ寝て待つものではなく、練って、練って、そして、念じて待つものなのである。

認知症になる人と、ならない人の違い

高齢者が最も渇望している果報の一つは認知症にならないことであろう。人や物の名前がすぐに出てこなくなったり、物忘れの度合いが明らかに増えてきていることから、認知症になることが心配にはなるが、人前で認知症になることを社交辞令的に怖がって見せているほどには、深刻に心配していない人が、実は私もそうなのだが、多いのではなかろうか。自分に限って認知症になることはまずないだろう、という確信に近いものが心のどこかに潜んでいるのだと思う。

六十五歳以上の四人に一人が認知症になるといわれていることを承知はしているが、裏を返せば、四人に三人は認知症にならないわけである。そして、自分はその四人に三人のほうに入っていると、無意識のうちに、そうと決めこんでいるような気がしている。

周りを見渡してみると、認知症になった人も矍鑠《かくしゃく》としている人もいる。同じような年齢なのに、どうしてこのような差ができたのだろうかと考えてみると、はっきりと

ではないが、何となくその理由が思い浮かんでくる。それは、これまでの多くの臨床的調査から、認知症の発症しやすい背景が次第に明らかにされ、それに基づいての認知症予防効果がわずかずつだが見えてきたからである。

認知症になる危険性は長生きすればするほど高くなる。日本の認知症の約八割は八十歳を越えてから発症している。このことは、認知症は遺伝が原因で発症するのではなく、それまでの生活習慣やライフスタイルが深く関与していることを物語っている。別の見方をすれば、予防の効果が期待できることになる。

アメリカの国立衛生研究所（ＮＩＨ）は、認知症予防に効果があると考えられる以下の八ヵ条を公表している。①糖尿病のコントロール、②高血圧と脂質異常症の改善、③望ましい体重の維持、④社会交流と知的な活動、⑤運動の習慣、⑥健康的な活動、⑦禁煙、⑧うつ病のコントロール。

スポーツジムにはポジティブな人が集まる

認知症予防は当然のことながら短期間で効果が出てくるものではなく、長期間にわたって地道に努力を積み重ねることが求められる。日本では、高齢者の多くは、高血圧、糖尿病、脂質異常、肥満、喫煙などに対する関心度は高く、それらに対する治療や予防は広く行き渡っている。だが、社会交流と知的な活動、運動の習慣、健康的な活動、うつ病のコントロールに関しては、いまだ満足できるレベルまでには至っていない。

これを是正する手っ取り早い方法の一つはスポーツジムを利用することである。近くにスポーツジムがあれば一押しのお勧めである。そこへ行けば、体育会系の若い元気のいいスタッフがいろいろと面倒を見てくれるし、自分に適した運動を見つけることができる。そこに来ている人たちは、それなりに健康で、自分の体を鍛えようとしているポジティブな人たちばかりであり、取り巻く環境は、異様とも思えるほどの活気で満たされている。

午前中に行けば、中高年の人たちがほとんどで、違和感なく仲間に入り込むことができる。そこは庶民的な社交の場にも、また、情報交換の場にもなっている。

高齢者にとって、一日のうちで、やることがあることや、行くところがあることは、生活を活性化するのに大いに役立っている。スポーツジムに通うことはまさにそれに適っている。

もう一つ、お勧めできる対処法は、前著でもすでに何度も書いていることだが、一読（一日に一回は、まとまった文章を読む）、十笑（一日に十回は笑う）、百吸（一日に百回くらいは深呼吸をする）、千字（一日に千字くらいの文字を書く）、万歩（一日に一万歩を目指して歩く）である。これは、胸を張って推奨している認知症予防法である。

認知症にならない、という果報は何もしないで、ただ寝て待っているだけでは手に入らない。相当な覚悟をもって、練って、練って、そして、念じて、生活の質を改善しなくてはならない。

言葉は心の杖

――「読み、書き、お喋り」の絶大な力

人や物の名前がすぐに出てこないことがよくあるが、今のところ日常生活に支障をきたすまでには至っていないので、まあ、年のせいなのだろうと軽く受け止めている。だが、これ以上ひどくならないための用心として、頭の中で冬眠状態になっている言葉を叩き起こして、外に連れ出し、いつでも使えるように準備運動をさせなくてはならないと思っている。そのために不可欠なのが、「読み、書き、お喋り」であることは言うまでもない。

本を読んでいると、意味は知っているが、日ごろ使っていない言葉に出会うことがある。実際にはそのような言葉を筆舌に出す機会がなくても、思考の中に登場させる

と、思索の範囲や深さが増してくるように感じられることがあるから不思議である。

私たちは成長に伴い、夥《おびただ》しい言葉と出会い、それを脳内に取り入れ、思索の燃料にしてきた。小学・中学・高校の国語で教科書に出てきた漢字の読み方や意味を辞書で調べて、それをノートに書きこんで、テストに向けて無理やり暗記して頭に詰め込んだ。そのおかげもあって、高校卒業の時点で、一般的な用語の知識はおおむね脳内に送り込まれた。

そして、大学では学術的、専門的な用語が、また、実社会に入ってからは、仕事と直接関連する用語が絶えず脳内に取り入れられ、思考プロセスを回転するようになった。言葉は知性の育成・保持に中核的役割を演じてきたし、高齢になった今でもその役割の重要性は失われていない。

体をあまり動かさないままにしていると、筋力が衰えて、体を動かすのが困難になるフレイル（虚弱）状態になり、高齢者の場合には、これがきっかけとなって、認知症へと進行するリスクが高くなる。言葉もこれと同じで、使わないでいると、言葉の筋力が衰え、脳内の思考プロセスを回転する言葉の量も質も速度も低下し、これもまた、認知症へのリスクになる。

書くことで記憶力は高まる

ここ何年間、一字も書いたことがないという人もいるかもしれない。そこまではないという人でも、せいぜい書類に名前や住所を書くくらいで、手紙も書かないし、日記もつけない、という人も少なくないのではなかろうか。漢字も英単語もただ目で見て覚えただけではなく、手で書いて覚えたものである。書くことで記憶の度合いが高まり、さらに、忘れる度合いが少なくなることを私たちは充分承知しているはずである。

お喋りの人は無口の人より認知症になりにくい傾向がある。それはお喋りすることが思考プロセスの回転を促進させ、認知機能を活性化させるからなのであろう。自由に使いこなせる言葉を多く持っている人がお喋り好きなら、認知症予防には鬼に金棒である。「読み、書き、お喋り」が脳を活性化し、日々の生活を明るくしていることを多くの患者さんを診ていてそう思っているし、私自身も実感している。

心にかかっていることに決着をつけようとするとき、頭の片隅にオンコールの状態で待機させている故事成語や諺《ことわざ》や偉人の言った言葉を適宜呼び出して、その言葉の力で心の姿勢を整えることを今でも行っている。

どうにも我慢ができないが、そうかといってこれに正面から反発したら取り返しがつかないことになりかねないという局面にぶつかったときには、「ならぬ堪忍、するが堪忍」とお念仏を唱えるように何度も心の中で呟いて、最悪の事態を免れたことが、これまでに何度もあった。

好調の波に乗って浮き足立っていたときや、物事が裏目に出て意気消沈していたときには、「得意冷然、失意泰然」と、自分自身に警告することで平常心を保つように心がけてきた。この言葉が心の支えになったことが何度となくあった。「得意冷然、失意泰然」と見事な字体で竹に刻字されたものが今も書斎の柱にかかっていて、これをじっくりと見つめていたころのことを思い出すことがある。

頑張りすぎず、ほどほどがちょうどいい

今、何かにつけて飛び出してくる言葉は、「ほどほど」である。かつては、どうせやるなら徹底的にすることを信条としていたが、今やそうするだけの気力も体力も希薄になり、ほどほどがちょうどいい、と本気でそう思うようになった。

大臣、閣僚、上級官僚といった国の重要なポストについている人が公の場で発言した言葉が不適切だとして槍玉に挙げられることが跡を絶たない。その多くの場合、発言の真意がどこにあるのかよくわからないが、言葉に対して緻密な配慮が欠けていたと思わざるを得ないのがほとんどである。

発言した言葉の非を認め、謝罪をしても、一旦口にしたことは、「綸言《りんげん》汗の如し」（中国の格言。出た汗が再び体内に戻り入ることがないように、君主の言は一度発せられたら取り消し難いこと）とばかりに重く受け止められ、厳しく糾弾されることになる。

言葉は一日にしてならずで、とくに社会的、政治的に大きな影響力のある地位にい

る人は、日ごろの言葉の鍛錬が不可欠である。言葉は遣い方次第で特効薬にも毒薬にもなることを心に銘記すべきである。

老いてますます盛ん
――まずはやってみることが、運を引き寄せる

日ごろは年のことなどほとんど考えずに、好き勝手なことをしているのだが、あまり気乗りがしないことになると、年のせいにしてやらないことが近ごろ多くなった。

週に二日、電車とバスを利用して一時間たらずのところにある病院で、高血圧専門外来を担当している。家から近くの駅までは、以前は歩いて十五分とかからなかったが、今では二十分以上もかかってしまう。駅へ行くときは、かつては家内に車で送ってもらっていた。だが、家内が免許を返納してからは、近くに住んでいる娘が、我が家の近くにあるスポーツジムの午前中のレッスンを終えて帰る途中に、私を拾って駅まで送ってくれている。病院からの帰りは、運動をかねて歩くことにしていたのだが、

何年か前からは歩くのが億劫になって、タクシーを利用することが多くなった。

今の病院での診療は、かつて大学病院で仕事をしていたころと比べれば、半分にも満たないほどの仕事量であり、それで疲れを感じることはまずない。しかも、通勤時間も半分であり、電車もバスも混雑はなく、行きも、帰りも楽々と座っていられる。それに週に二日、しかも午後だけしか働いていないので、傘寿を越した身とはいえ、疲労を感じるほどの仕事になっていないはずである。

にもかかわらず、病院からの帰りに駅に降りると、歩こうかどうしようか、と一瞬考えることはあっても、まあ、年だから無理はしないほうがいいな、という甘えの気持ちが勝って、タクシー乗り場へと足を進めてしまうことになる。

義理を欠く勇気

「転ばぬよう、風邪引かぬよう、義理を欠け」は元首相・岸信介氏が長生きの秘訣について言った言葉として知られており、まさに至言だと思う。だがここでちょっと気になるのが、「義理を欠け」である。

高齢者は、体調不良の日や暑い日や寒い日や悪天候の日には、本来なら何としてでも出席しなくてはならない義理がある冠婚葬祭、会合、行事でも、勇気を持って欠席すべきである。胸部不快感と動悸を認めながら、主賓として招待された結婚披露宴で、狭心症の発作を起こして緊急入院となった人、猛暑の日の葬式に参列して脳卒中で倒れた人、厳寒の早朝に仕事関係のゴルフコンペに参加して、心筋梗塞になり命を落とした人など、勇気を出して義理を欠いていれば、大事に至らずにすんだ人たちを私は何人も見てきた。

高齢者にとって、欠いたほうがいい義理も、欠いても大した問題にならない義理もあるのは確かだが、本来、義理は守るべきものなのである。ところが近ごろでは、義理などは古臭い概念として、特別扱いしないで無視する風潮がある。高齢だから義理を欠いても許されるだろう、と勝手に決めつけているむきがあるのではなかろうか。

仕事を介しての人間関係が希薄になった高齢者にとって、義理を介しての細々としたつながりでも、荒涼とした原野の中の一本の小さな道のように、そこを歩いていけば人家に辿りつくことができるという安心感にも似たものを感知することができるのではないかと私は思っている。

年賀状だけのつながりになって久しい人が大勢いるが、それでもその年賀状を手にしたときには、たとえそれが義理で出していることがひと目でわかる印刷された無愛想なものであっても、まだ忘れずにいてくれているという気持ちだけは伝わってくる。

年寄りだから、何をしても、何をしなくても、何をしてもらっても、いいのではないかと、高齢であることを武器やシェルターにしていることがある。高齢であることは特権でもなんでもないのである。

無理だと感じたら、静かに諦める

一方、周囲が高齢者の世話をしすぎて、自由な行動を過度に抑制することもある。そうなると、高齢者はまるで置物のような存在になってしまう。こんな状態が続けば、運動機能や認知機能が衰えるフレイル状態になり、やがては寝たきり状態や認知症へと進行することになる。そんなことにならないためには、大事にしてくれるのはありがたいが、年寄り扱いはほどほどにしてほしいと、声を大にして主張したほうがいい。

もう年だから、そんなことをするのは無理だと思ったときは、静かに諦めることである。それでも諦めきれないときには、人に頼むしかないが、それも無理なら、じっくりと腰を据えて自分でやってみるのがいい。それでも駄目なら潔く諦めるしかないが、そんなとき思いがけず上手くいくことがあって、老いたりとはいえ、まだ、まんざら捨てたものではないと、ほくそ笑むことがある。そんな些細な自信が引き金となって、高齢であることを言い訳にして、それまで避けていたことに手を出すようになる。そうなれば、いささかなりとも行動範囲を広げることができる。

人から仕事を頼まれたとき、もう年だからと断ってばかりいると、そのうちに仕事の話がまったく来なくなるのは必定である。仕事を頼むほうも、当然、相手の年齢を考え、それでも適任者だと判断したうえで依頼するのであり、それを無下に断られると、やる気がないと考えるのは当然である。

老いを逃げ口上にするのではなく、「馬には乗ってみよ、人には添うてみよ」である。「老いてますます盛んなり」を旗印に掲げていると、運が向こうから舞い込んでくるような気がしてくる。

唇に歌を持て

――昔の歌謡曲の健康効果

歌謡曲の歌詞はその時代の万葉歌であるとも言われているが、たしかにその通りだと胸にじんとくる歌もある。そんな歌を口ずさむと、心の中に埋もれている、その歌詞と同じような思いが沸々と心の底から浮かび上がってきて切ない思いにかられる。また、昔流行った歌謡曲を聞いたり、歌ったりすると、その当時のさまざまな情景がまるでパソコンの画面で見るスライドショーのように、目まぐるしく現れてきて心が揺さぶられる。

今でも昔よく口ずさんだ歌の一節がふと口からこぼれ出てくることがある。どうしてその歌が出てきたのかはわからないが、意識の下にある何かに触発されて飛び出してきたのであろう。若いころは入浴しているときによく歌っていた。たいていは、岸洋子の「夜明けのうた」「希望」「昔きいたシャンソン」「黒い鷲」「人生はいいもの」などであったが、ときには、美空ひばりの「悲しい酒」や、「川の流れのように」なども口ずさんでいた。

カラオケが苦手でも、やってみるといい

でも、人様の前で歌うのは大の苦手で、カラオケには一度も行ったことがない。学会や講演会などで多くの人の前で話をするのは苦にならないが、歌はまるで駄目で、どうにも気恥ずかしくて歌えない。だが、これまでに一度だけ大勢の人の前で著名なプロの歌手と一緒に歌ったことがある。

それはNHK文化センター主催、健保連後援の「さわやか健康教室」の特別公開講座で、全国各地をツアーしていたころのことだった。この講座は、体操、講演、音楽の三部構成になっていた。

第一部の体操は、地元のNHK文化センターの体操教室のインストラクターによる、

座ったままでできる簡単な体操を来場者全員で行うもので、この体操で会場の雰囲気はぐっと和らいだものになった。

これに次ぐ第二部で私の講演があり、第三部の音楽には、エレクトーンや琴の演奏のときもあったが、初代「うたのおねえさん」の真理ヨシコさんと芹洋子さんの出演が多かった。そのときは芹洋子さんだった。

私は講演を終え、控え室に戻って、気楽な服装に着替えてから、客席の後ろの空いている席に座って、芹洋子さんの歌を聴いていた。すると、突然、芹さんが会場の人たちと一緒に歌おうということになり、私も参加するようにと舞台に上がってくるように呼びかけられ、固辞する私を会場の人たちが大きな拍手で後押しした。もうこうなったらしかたがないと諦めて、芹さんの隣で歌うことにした。

歌い始めの数秒間は芹さんと私の声だけが会場に響いたが、すぐに会場からの圧倒的な大きな歌声で私の声など埋没してしまい、もう何も気にしないで声を出すことができた。だが、講演でびっしょり汗をかいて下着もワイシャツも替えたのに、再び大汗をかく羽目になった。

ドイツの詩人、ツェーザル・フライシェンの詩「心に太陽を持て」の第二節に、
「くちびるに歌を持て」がある。

「心に太陽を持て。
あらしがふこうと、
ふぶきが　こようと、
天には黒くも、
地には争いが絶えなかろうと、
いつも、心に太陽を持て。

くちびるに歌を持て、
軽く、ほがらかに。
自分のつとめ、
自分のくらしに、
よしや苦労が絶えなかろうと、

いつも、くちびるに歌を持て。」

（『心に太陽を持て』山本有三編著、新潮文庫）

若いころ、ちょっと格好をつけて、ベートーベンの第九交響曲の合唱の一部をドイツ語で、シャンソンの「枯れ葉」をフランス語で、ビートルズの「イエスタデイ」を英語で歌って、悦に入っていたこともあった。そのころは体力も気力も充実し、仕事にのめり込んでいたので、唇にこのような歌を持つことで、心にしばしの安らぎを与え、次なるステップへ進む姿勢をしなやかに整えることができたのだと思う。

カラオケが老若男女の間に幅広く定着していることから、唇に歌を持っている人が高い頻度で存在することは明らかである。周囲を見渡してみると、ごく身近にも、友人知人にも、患者さんにも、よくカラオケに出かけるという人が大勢いる。中には週に何度か定期的に出かける人もいるし、プロからレッスンを受けている人もいる。また、カラオケの装置を自宅に取り入れて、家族ぐるみで歌を楽しんでいる人もいる。

感情を込めれば、解放感や幸福感が得られる

カラオケで歌うようになってから、家の中でも自然と歌を口ずさむことが多くなり、気持ちが和み、家の中の雰囲気が明るくなったと自他ともに認知する人が少なくない。高齢者が近しい人たちとカラオケで感情を込めて気持ちよく歌うことで、認知機能が高まると推測されている。

歌うときはふだん話をしているときより、大きく呼吸することになり、それに伴い脳への血流が促進され、認知機能に関わる部位への血液供給が良好になり、認知機能が改善すると考えられている。感情を込めて気持ちよく歌っているときは、テンションが高まり、解放感や幸福感といったハイの状態とリラックスした状態が繰り返し出現して、脳に刺激を与え、脳を活性化するとされている。

カラオケが高齢者の認知機能を高めるだろうことは容易に理解できるが、それでもいざとなると、私のように一歩も二歩も引き下がってしまう者もいよう。食べず嫌いな人がいるように、やらず嫌いの人もいるだろう。頭からカラオケは駄目と決めつけ

ないで、一度思いきってやってみるのもいい。案ずるより産むが易しで、意外とすんなりと馴染んで楽しめるかもしれない、と自分に言いきかせているのだが。

想像はマジック
——健康管理も知恵次第

テレビをつけるとよく料理番組が目に入ってくる。プロの料理人や料理上手の著名人が、一流レストランで出てくるような料理や一味違った家庭料理などを、誰でも簡単にできる料理法で、流れるように手際よく仕上げていくプロセスは、見事の一言につきる。

そして、できあがった料理を見ると、食材の中にいささか苦手なものが含まれていても、これなら食べてみたいと思うほどに、食欲をそそるものがある。料理番組を見ている人の中には、いつかその料理を作ろうと思っている人は少なくないだろう。

料理番組を見ていて、美味しそうだなあ、食べてみたいなあ、と思えば、食欲がぐっと増しているはずである。その番組のすぐ後の食事では、いつもより食が進んでしまうことは充分あり得る。これはあくまでも私の妄想に近い想像なのだが、料理番組を好んで見ている人は、そうでない人と比べると、肥満の割合が高いのではないかと思うのだが、どうだろうか。

焼肉屋に行く前にやってみたい肥満予防法

奇想天外ともいえる実験報告がある。それは、食べたいと思うものを思い浮かべると、通常は食欲が高まるが、それを噛み、飲み込む様子を三十回も繰り返し想像すると、実際に食べ放題になっても食が進まない、というアメリカのカーネギーメロン大の研究チームからの実験報告である（科学誌「サイエンス」に掲載）。

その研究チームは、「脳にとって、実際の体験と想像上の経験の差は思ったより小さいかもしれない」として、この方法が不健康な食べ物や薬物の摂取量を減らすのに応用できる可能性を指摘した。これはダイエットにも使えそうだが、想像したのとは別の食べ物では食欲減退効果は現れないとのことである。

実験は想像してから食べ放題にする形で、約四十～七十人の参加を得て行われた。チョコ（一個〇・八グラム）を食べる様子を三回想像した人が実際に食べた量は平均八グラム（十個）だったが、三十回想像した人はその半分の四グラム（五個）だった。チーズについても、ほぼ同じような結果だった。ところが、チョコを食べるのではなく、ボウルに入れる様子を想像した場合、三回では食べた平均が四グラム（五個）だったが、三十回では七グラム（八・八個）で、逆に食欲は亢進した。

テレビの料理番組を見たあとで、それと同じ料理を作るのは、あのチョコの実験で、チョコを食べるのではなく、ボウルに入れる様子を想像した場合と似ている。テレビで見た料理を作ろうとすれば、テレビの中の料理のプロセスを何度となく頭に浮かべることになり、食欲が亢進して、できあがった料理を食べすぎてしまうかもしれない。このようなことが繰り返されれば当然、肥満へとつながることになる。

こうみてくると、料理番組を好んで見ている人は、そうでない人と比べると、肥満の割合が高い、という私の偏見もまんざら的外れではないように思えてくる。

食べ放題の焼肉を食べに出かける前に、焼肉を口に入れて、よく噛んで、飲み込むことを三十回くらい想像しておけば、実際に食べる際には食欲の高まりが半減されていて、食べすぎて後悔することにならないかもしれない。

寝たきり予防のために、私が実践していること

運動選手が目指している目標が達成された瞬間を繰り返し想像することで、士気を高めて練習に励み、そのことが功を奏して本番の試合で見事に念願達成につながったという話をいくどとなく耳にしている。

マラソン選手が一位でゴールのテープを切る瞬間を、サッカー選手が勝利につながる決定的なシュートを決める瞬間を、フィギュアスケートの選手が四回転半に成功する瞬間を、何度も何度も繰り返し想像して練習をしたことが、本番の試合で念願通りにつながったと述懐したのを、何回もテレビで見たことがある。

これよりまったく次元の低い話だが、今の私が目指す目標は、躓《つまず》いて転ばないようにすることである。躓いて、転んで、骨折して、入院して、寝たきりになり、そして、認知症になる、という一連の出来事を想像して、そうならないために、最大限の注意

を払えと、思い出しては自分に向かって号令をかけることにしている。歩行に際しては、青信号でも指差し確認して横断歩道を渡るくらいの気持ちで、足元に注意しろと、いつもとまではいかないが、ひやっとするたびに思い起こしている。

そして、躓かないように、躓いても転ばないですむだけの下肢の筋肉を強化するために、我に艱難辛苦を与え給えと唱えるような気持ちで、スポーツジムでの筋トレに励んでいる。この長年の苦行が功を奏して、これまで躓いても転ばないですんでいると思っている。

まさに、想像はマジックである。

ケチとハサミは使いよう
——手持ち資金の目減り対処法

まだ使おうと思えば充分使えるのに、型が古いの、もっと便利なものがあるからなどといちゃもんをつけて、新しいものに替えようとするのを見ると、もったいない、と待ったをかけてしまう。そんなとき、周囲からは、またケチなことを言うとばかりに、非難の声が上がるのが常である。

たしかに、そろそろ替えどきかなと思わないでもないが、それでもまだもう少し使えるのに、という思いがすぐに頭に浮かんでくるのは、終戦後間もないころに、金がない、物がない、という厳しい時代の中で育った少年のころの体験が思考プロセスの中に浸み込んでいるせいなのかもしれない。

包装に使われていた紐は小さくまとめて引き出しに入れ、一度使われた輪ゴムは輪ゴム用のフックにかけ、裏側が白い紙（送られてきたファックス用紙、包装紙、広告紙、カレンダーなど）は孫との勉強用に整えて書斎の棚に置く、などを他人が見たら、やはりケチなことをしていると思うかもしれない。

もったいないと思ってしていることがケチなことをしているとみなされるのはよくあることなので、そう思われても気にはしていない。

ケチは不吉なことを暗示する「怪事《けじ》」が訛って「ケチ」になったとされている。この言葉は江戸時代から使われるようになり、次第に「粗末で貧弱なさま」とか「卑しい」という意味に使われるようになり、それが現在使われているような意味に変化してきたと解釈されている。宵越しの金を持たずに、ぱあっと使ってしまうのを粋とみて、高く評価していた江戸っ子から見れば、何ごとにも出し惜しみをしている人には好感を抱かず、卑しい、貧しいという気持ちを込めて、今で言うケチな人とみなしていたのかもしれない。

父親は私がまだ子供のころに亡くなったので、どのような性格だったかはよくわからないが、母の話によると、質屋の家業を大きく揺るがすほどではないにしても、かなりの道楽をしていたらしいので、ケチからは程遠い人だったのだろう。そうなると、所帯を切り盛りしていた母は当然しまり屋であってもいいのだが、そうではなかった。人に物をやるのが好きな性分で、ケチなことが大嫌いだった。そんな両親を見て、姑はこのままだといつ身代がつぶれるかわからないと母に小言を言い続けていたらしい。

でも、身代をつぶしたのは父でも母でもなく東京大空襲だった。家も家作もすべて空襲で失い、無一文になった両親のその後の苦労は並たいていのことではなかったであろうが、二人の性格の根底は少しも変わらず、とくに母は父を亡くして苦労が倍加したにもかかわらず、気前のよさは亡くなるまで変わらなかった。

そんな母親の影響を受けている部分が多分にあると思うが、反面教師として身につけた面も多少はあると自覚している。

老い先長い高齢者の自衛手段

ケチな人は今を我慢し、将来に夢を託している人であり、宵越しの金を持たない人は、将来どうなるかより、今をいかに楽しむかに重点をおいている人であるとも言えるかもしれない。そのどちらを選ぶかは、人それぞれ、そのとき置かれた状況で選択しているのであろう。

高齢者が出し惜しみをしていると、死欲をかいていると陰口をたたかれるかもしれないが、百歳時代を迎えようとしている今、高齢者のこれから先の持ち時間の驚異的な長さを考えると、ごくあたり前の自衛手段ではないかとも考えられる。

若い人は将来に備えての生産的な準備をこれから先、充分時間をかけてすることができるので、ときには宵越しの金を持たないような散財をしてもさほど心配しないですむが、高齢者となるとそうはいかない。宵越しの金はしっかりと懐の中にしまっておかなくてはならない。

それどころか、老い先長いことを考えると、出し惜しみの籠城の心得だけでは充分ではない。機を見て外に打って出て、たとえわずかであっても、働いて収入を手にすることで、手持ちの資金の目減りを少なくして、長期戦に耐える体制を整えることが求められている。多少なりとも収入があると、守りの姿勢にゆとりができ、生活に潤いが見られるようになる。そして、ときにはちょっと贅沢をして、日ごろのケチケチムードを一新させて英気を養おうという気にもなる。

また、そうすることで、「駕籠《かご》に乗る人担ぐ人、そのまた草鞋《わらじ》を作る人」の理屈で、経済の歯車が回って、めぐりめぐって多少なりとも多くの人たちの手にその恩恵が届けられるのである。それとは反対に、先々の経済的不安から、ケチケチムードが蔓延すると、経済の歯車が円滑に回らなくなり、生活が苦しくなる。

そうならないための誰にでもできる小さな知恵は、ケチした分の一部でも何かに使うことである。私はタクシーに乗るところを歩いてケチした分で、本屋に立ち寄って文庫本を買うのを快《こころよ》しとしている。

ケチと無駄遣いのほどよいバランス

家内と私はもう何年も前に運転免許証を返納し、車がない生活をしているが近くにいる娘たちがアッシーになってくれている。車があったときと比べれば、身動きに不便を感じてはいるが、それも今では大分慣れてきている。

車がないことの最大のメリットは、車の運転で人を傷つける心配がもうないという解放感である。それに経済的なメリットもバカにできない。車を持っていれば、自動車税、自動車重量税、燃料代（消費税、地方揮発油税、揮発油税）、車検費、自動車保険料などの多くの費用がかかる。それに、新しい車に買い替えるとなると莫大な出費になる。

車を持たないとこれらの費用がまるまる浮いてくる。その浮いた金額を考えれば、近場に用事で出かけるのに、ケチケチしないで気楽にタクシーを利用する気分になれる。

このようなケチと無駄遣いのバランスをほどよく保つことが、ややもすれば単調になりがちな高齢者の生活に変化と活力をもたらすことになる。

老いは笑って吹き飛ばせ
――「シルバー川柳」から学ぶ生きる知恵

笑いの少ない毎日の中で、「シルバー川柳」に目を通すと、いつも、ふ、ふっと小さな泡のような笑いが、切なさとごちゃまぜになって込み上げてくる。喜び、悲しみ、怒り、やるせなさ、辛さ、苦しさ、虚しさ、諦めなど、高齢者の日常の中のさまざまな思いが、エスプリのきいた端的な言葉で小さな笑いを巧みに醸し出している。診療の合間に患者さんと雑談しているときに、そういえば同じようなことを詠んだ川柳があったな、と思い出すことがある。

「いびきより静かな方が気にかかり」

いつも大いびきをかいて寝ている夫から、いびきがまったく聞こえてこないことに気づいて、まさかと思って飛び起きたことがあるという話をときどき耳にする。

これは、いびきがひどくなると睡眠中にのどの気道がふさがり、一時的に呼吸が止まってしまう睡眠時無呼吸症候群である。太っている人やあごが小さい人、首が短い人はいびきをかきやすい。夜間睡眠中に呼吸停止を繰り返して、よく眠れない状態が続くので、治療しないと日中、居眠りしやすくなり、このことが自動車事故や作業中の事故の原因にもなりかねない。

さらに、高血圧、糖尿病、狭心症、心筋梗塞、脳卒中、心不全、突然死などが起きやすくなることも明らかになった。太っている人は何としても肥満を解消することである。

また、酔って寝ると、睡眠中に舌の筋肉がゆるんでいびきをかきやすくなるので、とくに太っている人は、寝る前の飲酒は控えたほうがいい。そして、睡眠中に鼻にマスクをつけて、マスクから圧力をかけて空気を送り込むことで無呼吸になるのを防ぐ、持続陽圧呼吸療法（CPAP《シーパップ》＝continuous positive airway pressure）を医師と相談すべきである。

クラス会でお辞儀をするときのコツ

「お辞儀して共によろけるクラス会」

高齢になるにつれて、筋力の低下や歩行障害、視力の衰えなどのさまざまな要因が重なって、瞬時の動作に際して、敏速に体のバランスを保つことが容易に行うことができず、一瞬、ふらっとよろけることがある。よくあるのは、お辞儀をして頭を持ち上げたとたんに、ふらっとよろけることである。

親しい間柄の人には頭を下げずに笑顔の挨拶ですませることができるが、それではすまされない場合もある。深く頭を下げて挨拶をするときには、下げた頭をゆっくりと持ち上げるようにしている。そんなときには、たいてい、相手も同様にゆっくりと頭を上げている。

「つまずいたふと見た床に段差なし」

自分では足を持ち上げて歩いているつもりなのだが、家内からは、ずるずると足を引きずるようにして、無様なすり足で歩いていると、いつも小うるさく言われている。

家内が言うほどひどくはないと思いながらも、段差がまるでないようなところで、つまずくことがあるので、やはり相当なすり足になっているのはまちがいないのだろう。

それにしても、もう、何年も週に三回、下肢の筋トレをしているので、年齢の割には筋力がついているはずであり、勤務先の病院の理学療法士も筋力満点と太鼓判を押してくれているので、つまずく主な原因は、筋力低下ではなく、だらしなくすり足で歩く悪癖のせいだ、と勝手にそう思うことにしている。

そこで、すり足と気づいたときには、「一、二、一、二」と足を高く上げて行進するような気持ちで歩くことにしているのだが……。

年賀状は、年に一度の生存証明書

「年賀状書かねばあの世とうわさされ」

年賀状の多くはお定まりの文面が印刷されただけのもので、いつも味気なさを感じるのだが、それでもその人が生存していることだけは知ることができる。高齢の知人の中には、もう年賀状を書くのが面倒なので欠礼している、という人もいる。それもわからないではないが、消息を気にかけてくれている人もいるはずなので、文面も宛名もすべて印刷した手抜きのものであっても、年に一度の生存証明書を出すつもりで年賀状を出すのは、せめてもの浮世の義理なのではなかろうか。

年賀状を出す人の氏名と住所のリストとお定まりの賀状の文面さえ決めてしまえば、あとは手馴れた身近な人に頼むのもよし、業者に依頼するのもよし、いとも簡単に年賀状ができあがる。

私は旅行中の家内と二人のスナップ写真（年賀状用の写真をとることも旅行中の関心事の一つになっている）を生きている証拠写真として年賀状に刷り込んでいる。

「徘徊と噂されて散歩を止め」

ウィークデイの日中の住宅街は人も車もまばらで、穏やかな雰囲気が漂っていて、高齢者が散策するにはもってこいである。家々の佇まいを観察したり、垣根越しに庭の様子を眺めたりしながら、のんびりと歩を進めていると、ゆるやかな気分になれる。

このように高齢者が一人で散策している様子を傍《はた》から見たとき、和やかに散策を愉しんでいると感じる人も、また、薄気味悪く思う人もいるかもしれない。中には、認知症のために徘徊しているのではないかと、怪訝の目を向ける人もいるかもしれない。

そんなことをあれこれ考えると、一人で散歩に出る気がしなくなる。

「腹減った　妻の返事が　気のせいよ」

これは、傘寿を過ぎた知人が夫人に「腹減った」と昼食の催促をしたところ、即座に、「気のせいよ」と一蹴されたとこぼしていたのを聞いて詠んだものである。最初に知人からこの話を聞いたときは、夫人に「気のせいよ」と冷たくあしらわれたことをこぼしているだけだと思っていたのだが、実はそればかりではなかったのである。

知人はそのとき、もしかしたら昼食を食べたのを忘れていたのではないかと、一瞬だが本気でそう思い、そうなるとこれは明らかに認知症の症状ではないかと、頭の中が真っ白になったとのことだった。まさかそんなことではないだろうとは思ったが、それでも、もしかしたらと心配しなくてはならない年齢であることには違いないと、他人事とは思えず、いささか不安になった。

ちょっと苦味のある笑いが欲しくなったときには、「シルバー川柳」がいい具合に役に立っている。

タイム・イズ・もう、ねえ〜

——時間は貴重な財産

「時は金なり（タイム・イズ・マネー）」は、十八世紀の米国の政治家でアメリカ独立宣言の起草者の一人であり、アメリカ合衆国憲法に署名している、あのベンジャミン・フランクリンが言ったということぐらいは知っていたが、どんな経緯《いきさつ》でそのようなことを言ったのかは知らなかった。

たまたまインターネットで「タイム・イズ・マネー」を検索してみると、それが『若き商人への手紙』という著書の中で使った言葉で、そのあとに、「労働で一日十シリング稼ぐことができる人が、旅行に出かけること、半日をだらだらと過ごすことは、その旅費などにかかった六ペンスを失うだけではなく、本来働いていればもらえた十シリングの半分を失ったことである」という文が続くことを知って、フランクリンの時間の現実的な捉え方の一端が理解できた。

それは、その人にとっての時間の価値をそれに相当する金額に置き換えて評価し、その時間を無為に過ごすことは、それに値する金額を損失することになると指摘したのである。

今日、そのことを身にしみて実感しているのが、時給で働いているパートタイマーであろう。働くのを休めば、それが病欠であろうが、止むを得ない家庭の事情であろうが、国が決めた祭日であろうが、その日の給料は支払われない。まさに、「タイム・イズ・マネー」である。

だが今では、「タイム・イズ・マネー」と言えば、直接お金に言及していることではなく、時間は貴重で有効なので、浪費してはもったいない、というぐらいの軽い意味で使われていることが多い。しかし、ここでもう一度、ベンジャミン・フランクリンが述べた「タイム・イズ・マネー」の真意に戻って考えてみると、その意味するところの奥はかなり深いように思われてくる。

時間は各自にとってこのうえない貴重な財産であり、また、商品でもある。そして、必要に応じて、時間を売ることも、また、他人の時間を買うこともある。会社員も、公務員も、農業・漁業・林業の従事者も、商人も、医療従事者も、とどのつまり働くことで自分の時間を売って、その代価として金銭を手にしているのである。学校の教師も授業時間として自分の時間を売って収入を得ているのである。

居眠り学生が、一気に覚醒したある声がけ

大学で教鞭をとっていたころ、講義中に居眠りをしている学生がいると、その学生のそばに行き、肩を叩いて起こしてから、こんな話をすることが何度もあった。

「君のご両親は私のこの講義に、目玉が飛び出るほどの高額な授業料を払って、私の時間を買ってくれているのに、君を眠らせるような退屈な話をしてしまい申し訳ない。その罪滅ぼしに、これから五分間、これまで講義した内容のエッセンスをここで君だけに話をすることにする。それから、次の講義からは、一番前の特別席を君に提供することにするので、必ずそこに座るように。それでは、他の諸君も一緒に話を聞いて

ほしい」

教室は爆笑に包まれ、多くの学生のそれまでの眠気が一気に霧散していくのが手に取るようにわかった。このようにして一番前の特別席を与えられた居眠り学生のうちの何人かは、卒業後私が主宰する内科学教室へ入ってきたのである。

人それぞれの時間の評価額には、理不尽とも思えるほどの桁違いの高額なものから、驚くほどの低額のものまである。一日八時間、週に五日間、年に五十週間働くとして、年に二千時間働くことになる。そうなると、年収一億円の人の時給は五万円、一千万円の人は五千円、五百万円の人は二千五百円、三百万円の人は千五百円となる。パートで働いている人の時給を八百〜千円とし、年にがっちり二千時間働くと、年収は百六十万円〜二百万円になる。私たちはこのように自分の持ち時間を売って生計を立てているのである。

その一方で、私たちはごく日常的に時間を買ってもいる。レストランで食事をするとサービス料として飲食費の十パーセントが加算される仕組みになっているが、これはサービスをしてくれた時間を買った料金と考えられる。

この年になれば、たまの贅沢は許される

私が医者になりたてのころの大学病院では十年間くらいは無給助手で、週に一、二回、半日だけ関連病院か会社の医務室に勤務することで生計を立てていた。結婚して間もないころ、家内が区役所に書類を提出したとき、そこに記されていた私の年収を見て、係員から生活保護費以下ですな、と言われたとぼやいていたが、そのくらいの収入だったのである。

大学病院の医療の主力になっていた医師のほとんどが無給助手だった。あるとき、卒後間もない無給助手の一人が、こんなに働いて無給なのは理不尽だとこぼしていたのを耳にした無給助手の先輩が口にした言葉が今も耳に残っている。

「君は無給なんかじゃないぞ。最新鋭の医療設備が整っているところで、多くの患者さんを診る機会を与えられ、多くの優秀な指導医が家庭教師として指導してくれている。それに対して、君は一銭も授業料を支払っていない。君は授業料を免除されて、最高の臨床の授業を受け、実技を研修させてもらっているんだ。見方を変えれば、君

は本来ならば支払わなくてはならないその授業料に相当する仕事をしているんだ。君はけっして無給ではない。かなりの高給取りなんだよ」

今の研修医がこれを聞いたら詭弁だとして一笑に付してしまうだろうが、当時の私には心にしみる納得のいく説諭に聞こえたし、今でもその気持ちに変わりがない。

休日を家でのんびりと過ごしていれば特別の出費をしないですむが、旅に出たり、観劇したり、演奏会や美術館へ行ったり、外食したりなどすれば、それなりに費用がかかる。だが、そうすることで過ごした非日常的な優雅な時間は、それに相応しい値段で買い取ったものとも考えられる。同じ時間を過ごすにも、たまにはいつもよりお金をかけて、ゴージャスに快適に過ごしてみる贅沢は、この年になったら許されてもいいと思っている。

これまでは電車なら普通車、飛行機ならエコノミークラスを使っていたが、これから先、旅に出られる機会がそうそうあるわけでもないので、たまには思いきって、普通車をグリーン車に、エコノミークラスをビジネスクラスにして、旅の時間を贅沢に過ごすために高価な時間を買って、これまで頑張って生きてきたご褒美にしてもいいいだろう、と思うことにしている。

なにせ、傘寿を越した私には、「タイム・イズ・もうねえ〜」だからである。

第三章　人生の持ち時間

孤独の毒と薬

――定年後の孤独との上手な付き合い方

定年退職、解雇、退職後の再就職、がん・心筋梗塞・脳卒中などの重篤な病気の罹患、配偶者の死、離婚などの大きな社会的環境の変化に晒されると、周囲の人たちとのつながりに量的にも質的にも変化が生じてくる。そして、その変化に上手く順応できずに、次第に疎外感や孤独感を抱くようになることも稀ではない。

定年退職後の高齢者は、それまでの社会構造とはまるで違った地域社会に入ることになる。そこはもはや、学歴もキャリアもまるで通用しない、地位格差のない、真っ平らな社会だとしっかり認識すべきである。過去の肩書きをひけらかすような言動を繰り返していると、やがて周囲に拒否反応を惹起させ、悪くすれば孤立した状況にもなりかねない。

仕事の喪失感は、人によっては自死をも招く

これまでの人生の大半を傾注してきた仕事からの離別は、心のど真ん中に大きな空洞ができたような喪失感をもたらすことになったとしても、それはむしろ当然の帰結であろう。仕事の喪失と同時に、仕事を中核にした人的ネットワークも静かに瓦解して、荒野に一人置き去りにされたような寂寞とした感慨に身を潜め、孤独感に苛まれることになる。この退職直後の孤独感は、これまで経験したことのないほど心を締めつけ、人によっては自死をも招きかねないほど深刻なことにもなる。

それは次第に薄らいではいくが、まったく消失することはなく、慢性的な孤独感として潜在しているのである。そして、突然、何かがきっかけとなって、精力的に仕事に打ち込んでいたころのことがバーチャルリアリティーの画像を見るように想起され、高揚した気分になることがある。だが、しばらくすると、その活気に満ちた情景は消え去り、非生産的な元の静穏な現実に引き戻される。

そんなとき、それまで意識の下に覆い隠されていた、仕事を失ったことからくる孤独感が浮かび上がってくる。年を重ねるにつれてこの孤独感は薄れてきてはいるが、それでも仕事への郷愁とともに未だに潜在している。

孤独は「小毒」に留めておいて、「小得」にもする心がけが必要である。孤独は風邪のようなもので、誰もがこれまでに何度も経験してきたし、これからも、また、いつなんどき、遭遇することになるかもしれない。

風邪は、たいてい、時間が経てば自然に治るものだが、こじらせると重篤な肺炎になり、ときには不幸な転帰をとることもある。この点も孤独に類似している。孤独を感じても、しばらくすれば、それほどにも感じなくなり、やがてはすっかりと忘れてしまうことが多い。

だが、ときには孤独の度合いが深まり、そこから抜け出せずに、鬱々とした日々を長きにわたって過ごすことになり、ついにはまったく周囲との交流を絶って、孤独死にまで至ることもある。孤独に長居することは禁物である。

風邪で仕事を休むことで日ごろの疲れがとれて、英気を養うことができることから、元気になって仕事に復帰できる、という風邪の効用がある。これと同様に、孤独になることで自分と向き合い、今の自分の立ち位置を冷徹に見つめ直し、今後の身の振り方を謙虚に考えることができる。これは孤独の効用である。だが孤独もこじらせると取り返しがつかないことになる。孤独に深入りしないで、余裕を持って引き返せる時点で、とりあえずそこで切り上げて現実に戻ってくるべきである。

人の優しさを感知させる特効薬

高齢になるにつれて、社会的な活動が縮小され、人的な交流が希薄になるのはごく自然の成り行きだと認識はしているのだが、長年、親しい交流を続けてきた人が亡くなったり、再起が難しい病気になったりすると、心の中に寂寥の風が吹きまくり、潜在している孤独感を引きずり出すことになる。

高齢者は、人生を支えてくれた大切な人を一人、また一人と亡くすたびに、喪失感と孤独感に苛まれ、それに耐え、乗り越えてきている。高齢者が孤独に慣れているように見えるのは、そんなこともあって、孤独を感知する神経がいくぶんか鈍麻されているからなのかもしれない。だが本当のところは、高齢者は心の深いところに孤独を抱え込んでいるのである。

空腹が最高のアペタイザー（食欲を増進させるもの）であるように、孤独は人の優しさを感知させる特効薬のように思う。孤独の中に身を置いていると、人の温もりが恋しくなってくる。そんなとき、周囲の人たちとのいつものつながりの中に、いつも以上に人の優しさを感知するようになる。それは孤独の薬効によるのであろう。

私は孤独の入り口のすぐ近くか、それよりちょっと奥に入ったところまでしか行かないことにしている。私は臆病者なので、それより奥に行くと、もう戻ってこられなくなるかもしれないという不安にかられるのである。それでも、浅い孤独に身を置くことは好きで、とくに高齢になってからは、気軽に孤独な時間の中で独り遊びをすることにしている。そんな独り遊びでは、ときどき昔の思い出の中に入り込んで、その当時のいろいろな状況下の自分のすぐそばにいるような気持ちで、しばし回想の時間を過ごすのである。

孤独と上手く付き合うのも高齢者の才覚の一つである。

物ぐさの本性
——フットワークの軽さを取り戻す

ずっと隠れていた物ぐさの本性がここにきて急に悪びれることなく、堂々と表面にしゃしゃり出てくるようになってきた気がする。まだ子供のころに、子供なりに自分が菲才《ひさい》であることを認識することができたことから、人並みに勉強していたら人並みにもなれないと思って勤勉第一を心がけてきた。自分の本性が物ぐさであることをかなり正確に自覚していたのだと思う。

やらなくてはならないことを先延ばしにしないで、できるだけすぐにやることをモットーにしてきた。それは先延ばししても仕事量が減るわけではなく、むしろ、それに利息がついて仕事量が増えてしまうことがしばしばあるからである。

大学病院に勤務していたころ、さまざまな人が訪ねてきて、病院内外の特定の医師に診察してもらえるように手配してくれないかと依頼されることがよくあった。そんなときには、その人の目の前で診察を希望している医師に直接、ないしは、秘書に電話をして依頼者の希望を伝えるか、紹介状を書くことで、その場で一件落着としていた。

また、返事を必要とする手紙はその日のうちにすませるのを厳守した。大学では、内科学主任教授としての教育・診療・研究の仕事が山積していたし、それに加えて賞味期限が厳格に決められている食品のような仕事が毎日のように飛び込んでいた。それを先延ばしにすれば、とんでもないことになるのが目に見えていたので、手際よく処理する術を何としても身につけねばならなかった。そこには物ぐさの本性が顔を出す間隙など一ミリもなく、完全に隠蔽されていたのである。

定年退職と同時に大学での教育・診療・研究のすべての仕事から離れると、一気に身軽になった。これは登山者が背負う、あの重くて大きなリュックに加えて、両手に下げたどっしりとした手荷物をすべて放り出したようなもので、そのときの解放感は絶大なものだった。だがしばらくすると、大学での仕事から離れたことによる解放感のすぐ後ろから、仕事がなくなったことによる喪失感が追いかけてきた。それはある程度、想定内のことだったので、対応策として、週に二日、近くの病院で外来診療をすることや執筆活動を増やすことなどで何とか振り払うことができた。

そんな喪失感も退職して数年経つと、ほとんど自覚しなくなった。もうそのころになると、それまでとは別世界の住人として、それなりに安穏とした日々を送ることができているのである。

今では、何としてでもすぐにやらなくてはならない類《たぐい》の仕事がほとんどないうえに、あくびを連発するような、ゆったりとした暖かな時間が流れているので、長い年月の間、冬眠状態になっていた物ぐさの本性が目覚めて彷徨《さまよ》い出てきた。何かをしようと思う気持ちをどうにか立ち上げても、すぐにそれを実行しようと腰を上げる気分になれないことが増えてきた。今ここでそれをやったところで、どうということでもないのではないかと、かったるい物ぐさの想念が浮上してきて、やる気がへし折られてしまう。

物ぐさは病気のようなもので、そのままにしておくと、体や頭の活動が低下し、筋力も智力も衰え、ついには寝たきりや認知症の濁流に吸い込まれてしまうことにもなりかねない。そうならないためには、物ぐさの特効薬でもある、やる気（モチベーション）を何とかして創出しなくてはならない。

知人に教わったバーチャル「東海道五十三次の旅」

物ぐさ太郎と自称する喜寿を目前に控えた知人が、夫人の提案で徒歩で東海道五十三次の旅に出ることにした。と言っても、実際に東海道を歩くのではなく、日々のウォーキングの歩数をメートルに換算して、東海道を完歩することを計画したのである。

大雑把に一歩を〇・七メートルとして計算すると、五千歩で三・五キロ、一万歩で七・〇キロになる。東海道は全長四百九十二キロなので、毎日一万歩のペースで歩くと約七十日、五千歩だと約百四十日かかる。インターネットで調べると、江戸の日本橋から次の品川宿までは七・九キロ、そこから次の川崎宿までは九・八キロなどと、各宿場間の距離が出ているので、今、自分がどのあたりにいるかがわかる。

その旅の経過情報を面白半分に親しい友人たちにメールしていたところ、それなら自分もと旅のプログラムに加わる人が何人も出てきて、追いつ追われつの珍道中になったとうれしそうに話していた。仮想とはいえ旅をやり遂げるという目標ができたことで、サボりがちだった日々の単調なウォーキングにやる気が出てきて、率先してやるようになったとのことである。

そして、このことがきっかけになって、日常生活の中でのフットワークが軽くなった気がすると物ぐさ太郎の本人は言うのだが、夫人の話からもまんざらウソではなさそうである。

週に三回の朝トレで、頭と体の錆びつき防止

物ぐさを続けていると、頭も体も錆びついてくることを、長年の臨床医としての経験から痛感しているので、物ぐさ対策には気を配っている。本音は運動するより本を読んでいるほうがはるかに好きなのだが、そうあってはならないと奮起して、週に三回の朝トレとして、スポーツジムでの筋トレと水泳を無理やり必須としている。これ

を可能にしてくれているのは、近くに住んでいる娘が同じスポーツジムに通っているので、車の運転免許を返納している家内と私の送り迎えをしてくれているからである。

このスポーツジム通いが多分に物ぐさの虫封じになってはいるが、それだけでは不充分で、「閑中忙あり」を目指して、無から有を産み出す思いで、やるべき仕事を探し出して、忙しくすることを心がけている。これが結構、楽しいのである。

自慢話に花が散る
——孫自慢と病気自慢

自慢話に満開の花を咲かせている人の周りにいる人は、一刻も早くその自慢花が散ってほしいと、切なる願いを作り笑顔の中に隠して耐えているといっても間違いないだろう。

ちょっとした自慢話ならご愛嬌だと我慢もできるが、延々と続く自慢話を聞かされているときには、いい加減にしてくれと、言いたくもなる。高齢者の同窓会では、出席者一人ひとりが近況報告をすることになるが、話の中心は決まって孫自慢と自身の病気の話になるようである。

そこで、幹事が会の初めの挨拶の中で、この二つの話は絶対にしないようにとお触れを出すのだが、初めの何人かには多少自粛ムードが感じられるものの、会が進行するにつれて、孫自慢と病気の話の花盛りになってしまうのがお決まりである。

孫自慢はおめでたい話なので、羨望の念を掻き立てられることはあっても、その場から逃げ出したくなるほどではない。それは、「昔神童、今ただの人」をこれまでに何人も見聞きしているので、そうならなければいいがな、という底意地の悪い冷やかな妬み根性がひそんでいるからなのかもしれない。だが、病気の話はその人だけでは終わらず、次に話をする人にも、また次の人にもと、次々に伝染してパンデミックの様相を呈してくる。

また、話の内容も次第にエスカレートしてきて、同じ病気でも自分のほうがはるかに重症であることを強調して、あたかも自慢話をするような口調になったりもする。もうこうなってくると、その場から逃げ出したくなる。

自分が特別な存在であることの誇示

そもそも自慢話は、自分が特別な存在であることを誇示することが目的であり、その自慢話の種は、社会的な地位や財産、学歴、職歴、容姿、知名度、業績、成績などそれこそいくらでもある。厄介なのは、自慢話をしている人には、今、話していることが聞き手にやっかみの情念を掻き立てているかもしれないという認識が希薄なことである。

中には何でそれが自慢の種になるのだろうかと首を傾げたくなることもある。

「私のこの病気は良性だそうで、何年か前にノーベル賞をもらった、あの何とかという人がかかった病気と同じなんです。何でもこの病気は優秀な人がかかることが多くて、普通の人にはあまり縁がない、などと言っている人がいましたが、それなのに私ごとき凡人がそんな病気になるなんて不思議ですよねえ」

と言う人は、

「そりゃあ、あなたが特別優秀な人だからですよ」

という返事が返ってくることを期待してのことであり、これは手の込んだ自慢話なのである。

自慢話は愚痴話よりもプラスの効果をもたらす

私は愚痴話に付き合わされるより、自慢話のほうがよっぽどましだと思っている。それは、愚痴話を聞かされていると、だんだんと憂うつな気分になってくるが、自慢話は話し手にとってのいいことずくめの話なので、うんざりしてくることはあっても、憂うつな気分にならないですむからである。

高齢者は体調不良や将来への不安などから、ややもすると、うつな気分に浸っての日々を過ごすことになり、愚痴の一つもこぼしたくなる。愚痴をこぼすことで、ときには気が晴れることもあるだろうが、それよりも一つの愚痴が次の愚痴へと連鎖反応的につながることもまれではない。高齢の患者さんと雑談をしていて、そんなことになりそうなときには、患者さんにあえて自慢話をするように仕向けることがある。

自慢話をしているときの患者さんは、それまでとは打って変わって、明るい活き活きとした顔になり、話す言葉に力強さが加わってくる。

私がつい自慢話をしてしまうことが一つだけある。それはスポーツジムに週に二、三回、三十年以上も通い続けていることである。私は運動音痴を絵に描いたような無様な人間であることもあって、健康のためにと、ジョギング、縄跳び、フィットネスバイク、ダンベルを使っての筋トレなどを始めても、いつも三日坊主で終わっていた。

ところがひょんなことから、自宅近くのスポーツジムでエアロビをするようになってからは、これがどういうわけか私には向いていたようで、五年ほど前までのおよそ二十五年近くも続いたのである。八十歳を越してからは、さすがにエアロビは少しきつくなったので、筋トレと水泳に切り替え、これを今も続けている。

こんなことぐらい、とくに自慢するほどのことでもないのは承知しているが、運動音痴の私が何はともあれ、こんなにも長く続いているということが、私には自慢の大きな種になっているのである。

嘘のない真はない
――「完全」や「絶対」はあり得ない

純金といえば金が百パーセントであると思うのだが、実際にはそうではなく、九十九・九パーセント以上であれば純金というのだそうだ。表面が剥き出しであるかぎり、〇・一パーセントは他の物資が混ざってしまう可能性があるために、百パーセントの表記はできないとされている。純金といえども〇・一パーセントの不純物が混入しているることが容認されているのである。

私たちは、完全とか、絶対とか、純正とかで表現されていることをそのまま信じているわけではないが、それでもその言葉の響きに引きずられて、もしかしたら、そうかもしれないと、受け止めてしまう部分がないでもない。

「これは絶対に儲かるし、絶対に安全な投資だから、安心して任せてほしい」

と「絶対に」を強調されると、なんだかその気になって、ついその話に乗ってしまうことにもなりかねない。

「これは絶対にお買い得です」

と勧められれば、買わないと損をするような気になってしまう。

そんなリスクに留意して、完全、絶対、純正といった百パーセントそれ以外はあり得ないという意味の言葉が加わった表現に対しては、まずそんなことはあり得ないと身構えることにしている。絶対にそんなことにはならないから心配しなくていい、と言われたら、そうなった場合のことをまず考えることにしている。また、百パーセント保証すると言われた場合には、その裏には、必ず例外があることに注意している。

「異常なし」でも用心する姿勢こそ大事

「この薬、副作用は絶対にないでしょうか」

と患者さんから訊かれることがある。そのときは、副作用が絶対にない薬はないことをまず明確に伝え、そのあとで、その薬の副作用として報告されている主なものをあげ、その大まかな発生頻度について私自身の経験を中心に伝えることにしている。患者さんは、「絶対にない」という言葉を「百パーセントない」とまで考えて質問するのではないのだろうが、それでも医者が「絶対にない」と話をすれば、「百パーセントない」と受け止められるかもしれない。言葉にはそれだけの力があるのである。

まだ、胃の内視鏡検査が一般的でなく、バリウムを飲んでのレントゲン検査が広く行われていたころ、勤務していた大学の著名な消化器外科の教授から、レントゲン検査で胃がんが否定されても、胃がんでないと安心していられる期間は半年間だと聞いたことがある。

それは、検査で初期がんが見落とされた場合、半年後ならまだ胃がんはそれほど進展していないだろうから、手術でがんを摘出することが可能なので、それまでなら安心していられるという意味なのである。

胃のレントゲン検査でがんの所見がないという診断は、絶対にがんではないということではなく、そこには初期がん見落としの可能性も含まれていることを臨床医は常に留意しておくべきだと教授は言いたかったのであろう。

今日広く行われているＣＴ（コンピューター断層診断装置）、ＭＲＩ（磁気共鳴画像診断装置）、超音波などによる検査で、異常なしと診断された場合でも、異常所見の見落としや見間違いによる誤診の可能性は常にある。このことを念頭において、患者さんにそのことを伝えるか否かは別にして、その後の経過を観察することが臨床医の基本的な心得になっている。

他の分野においてもおそらくそうだろうと思うが、医療の中では完全、絶対、百パーセントという言葉で括られる事態は皆無といっていい。副作用がまったくない薬もないし、絶対に効く薬もないし、百パーセント安全が保証されている治療法もないのが現実である。

バイオプシー（病変部位の組織の一部を内視鏡検査や手術で採取したり、体外から針で吸引して、顕微鏡で病理組織的に検査をすること）でがん細胞が確認されない場合、がんである可能性は低いが、それでもがんが完全に否定されたとは言えない。採取した組織の中に、たまたまがん細胞が含まれていなかっただけで、他の部位から採取したら、がん細胞が検出されるかもしれないのである。

手術的にがんの組織を完全に除去したとしても、微小な組織が残存していて、そこからがんが再発することもある。また、がんにかぎらず、多くの病気で治療により完全に治癒したと判定されても、再発することもある。

百パーセントを目指さず、横着するほうがいい

聖人君子と崇められるような人でも丸々善人ということはないだろうし、どんな悪党でも骨の髄まで悪に染まっていることも、多分ないだろう。天才、秀才も常に満点の成績ではなく、ときには落第点をとることもあるだろうし、名文家として知られている作家の著作の中にも、陳腐な文章が紛れ込むことがある。

また、誠実な人と思っている人でも、約束を破ったり、嘘をつくことだってあるだろうし、冷酷な人にも優しい面があったりする。完全無欠な人や物はまずないと思って間違いない。

若いころは、絶対、完全、百パーセントを目指して身を処すことが私には魅惑的に

感じられ、その実行を心がけてきた。惰弱な私にはその心がけが必要だったのである。だが、今の私は、体にピタッとフィットした服より、傍《はた》からはだらしなく見えるようなダブダブなのを好んで身につけているように、絶対、完全、百パーセントのはるか手前で手を打って、横着を決めている。これが私にとってはいい老い加減なのである。

アナログかデジタルか
――数値だけで計れないもの

この商品（または、サービス）を①非常に良い、②良い、③普通、④悪い、⑤非常に悪い、の五段階で評価するとどれに相当するかなどと、感じたり、思ったりしていることを、あえて数値（デジタル）化した答えとして求めることが広く用いられるようになった。

本来、数値として評価されてきたのは、長さ、重量、面積、体積、温度、湿度、明暗、個数、などの実際にメジャーや機器を用いて計測できるものに限られていたのだが、今では独自の判定基準を作成して、それにしたがって、感じたり、思ったりしていることを、数値化したり、区分したりしてのデジタル化表示が多くの分野で用いられている。

従来から、痛みの程度は、死ぬかと思うほどの、どうにか我慢ができるほどの、それほどではないが気になるくらいの、蚊にでも刺されたくらいの、などと感じたままを言葉で表現してきたが、それを数値で表現しようとする試みが医療の現場でも行われるようになった。

我慢できない痛みは、アナログ診断こそ大事

我慢できないほどの痛みを百としたら、今の痛みはどのくらいかと問い、その数値で痛みの程度を推定したり、また、一本の線を示して、その一端を痛みゼロとし、他端を最大な痛み百として、今の痛みはこの線上のどこにあるかを問い、ゼロ点からその点までの長さで痛みの程度を捉える、アナログとデジタルとを組み合わせた手法で評価することなどが臨床の場で実際に行われている。

これと同じように、昏睡の程度、呼吸困難の程度、種々の疾患の重症度、トリアージ（重症度に基づいて治療の優先度を決定して、選別を行う）、がん細胞の病理学的

所見による重症度、要介護認定基準など、医療分野においてだけみても、実に多くの分野で独自の基準を作成して、数値化したり区分したりする評価法が取り入れられている。これにより漠然としている事象の概略を理解しやすくなったことは事実であり、とくに臨床の場では診断や治療指針を決定する際に参考になる。

しかし、このような数値化や区分という手段だけで実態を正確に描出するには、自ずと限界があるのもまた事実である。痛みの程度（デジタル情報）だけでは病気の診断をくだすことは難しく、痛みの性状（アナログ情報）を知ることが不可欠である。

ズキズキするような、ピリピリするような、針で刺されたような、何かで押しつぶされるような、熱いものを押し付けられたような、差し込むような、労作時に痛む、安静時でも痛む、数分で消える、背中に抜けるようななど、数値では置き換えられないアナログの情報が病気の診断にはきわめて重要なのである。

たとえば、前胸部の痛みが最高の痛みを十とした場合、五くらいの痛みというだけでは、特定の疾患に診断を絞り込むことは難しいが、それに、圧迫されるような痛みで数分間で消失したという情報が加われば、狭心症の疑いが浮上してくるし、もし、痛いところが一点に限局していたり、針で刺されたような痛みとなれば、心臓神経症が疑われ、狭心症は否定的になる。実際の臨床の場では、血液・尿・脳脊髄液などの検査値のデジタル情報と、レントゲン検査・CT・MR・超音波・心電図・症状・徴候などの数値では表示できないアナログ情報の両方が、診断や病状の経過観察には不可欠である。

幸せの受け取り方は百人百様

「幸せの度合いを、五を最高とした五段階表示で表すとすると、あなたの幸せはいくつになりますか?」

などと訊かれたら、さあ、どう答えたらいいのだろうかと誰でも迷うに違いない。そう簡単に幸せの度合いを数量で表すことなどできるはずはないが、そこをどうしてもと求められたとしたら、そのときのほんの思いつきで、三とか四くらいと答えてしまうかもしれない。そうと決めるはっきりとデジタル化した基準など頭にはないのだが、ただ漠然とそのあたりが妥当なのだろうとアナログ的に考えてそう答えると思う。

だが、幸せの受け取り方は百人百様であり、それを表現するにも百人百様の仕方があり、単に数値で表現できるはずがない。

昔、坂本九さんが歌って大流行りした「幸せなら手をたたこう」というアメリカ民謡があった。ご存じの方も多いと思う。

「幸せなら手をたたこう
幸せなら手をたたこう
幸せなら態度でしめそうよ
ほらみんなで手をたたこう」

この民謡には、「手をたたこう」のところを、「足ならそう」「肩たたこう」「ほっぺたたこう」「ウインクしよう」「指ならそう」と言い変えた七番まである。私たちはその時々で幸せの有様をさまざまな態度や表情や言葉で示していて、その程度を味も素っ気もない数値で表現しようなどと野暮なことは考えてもいない。

ところで、今の私の幸せの度合いを態度で示すとすればどうなるだろうか……？

大空に向かって思いっきり大きく手を拡げて深呼吸するのが一番合っているように思

う。

悲しい、うれしい、憎い、口惜しい、恋しい、などの感情や、寒い、暑い、だるい、気持ちいい、美しい、見苦しい、などの感覚や、美味しい、不味い、甘い、苦い、辛い、などの味覚などをデジタル表示で強引に評価しようとすればグロテスクなものになってしまう。それには適切な言葉による修飾があって初めて実感として心に伝わってくるのである。

「今の私の喜びを五段階表示にすると、最高の五になります」と言えば、たしかに大喜びをしていることはわかるが、喜んでいるイメージが湧いてこない。だが、じっとしていられないほどの、欣喜雀躍して、じーんと心に響いてくるような、などそのときの心境をそのまま言葉にして表現することで喜びの質も量も素直に伝わってくる。

しかし、世の中がデジタル化に向かっているのはたしかである。温度計・体温計、血圧計などはデジタル表示のものが一般的で、水銀柱の高さで表示されるアナログ式のものはもうめったに目にすることがない。ところが、文字盤と針で時刻を示すアナログ時計は、今のところ数値だけで時刻を示すデジタル時計より広い年齢層にわたたって用いられている。

それはアナログ時計に対する郷愁のようなものを感じているのと同時に、ブレスレットとしてのオシャレ感覚もあって、捨てがたいと思っているからなのかもしれない。

これからは、ロボットを始めとした人工知能がますます私たちの生活の中に取り入れられてくるだろうから、目に見える形でも、目に見えないところでも、デジタル化が顕著になって、生活が便利に、かつ、効率的になるにちがいない。

その反面、マンションのモデルルームにいるように、整然としてはいるが、生活感に乏しく、閑散とした雰囲気の中に身を置くことにもなりかねない。そうならないために、私たち自身が好奇心をかきたて、精神を高揚させ、創造への動きを作り、それを実現するための行動へと自らを導くべきである。

私たちの魂の中には、高齢になってもそれを可能にする、パワーが詰め込まれているのである。

痛いの、痛いの、飛んでいけー！

――頑張る自分を励ます言葉

「痛いの、痛いの、飛んでいけー！」とはさすがに口に出しては言わないが、気持ちのうえで絶叫しながら、こむら返りで激痛を発したふくらはぎを必死でさすることが稀ならずある。足の親指かつま先を手で持って、頭のほうへ近づけるようにすると、ふくらはぎが伸びて痛みが軽減されるが、すぐに完全に痛みがなくなるわけでもないし、また、すぐに痛みが出てくるかわからない。

ふくらはぎをさすりながら、歩きすぎか、筋トレのしすぎか、冷えか、それとも……といろいろ考えてみるのだが、結局、よくわからない。

激しい腰痛とストレスは関係している

この年になるまでに、整形外科領域の疾患による、関節や腱や筋肉のさまざまな痛みを人並み以上に体験してきた。内科学教室を主宰する責任者としてがむしゃらに働いていたころ、酷い腰痛に悩まされた。整形外科での診断では、腰部脊柱管に軽度の狭窄《きょうさく》があるが、大したことはないとのことだった。だが、腰痛がときには居ても立ってもいられないほど酷くなり、内服の鎮痛薬はまるで効かず、注射を打ってもらわなくてはならないことが度々あった。

風呂に入っているときや歩いているときは痛みが軽減したので、夜中に痛み出して、横になっていられないときには、風呂を沸かして、入ったり出たりを繰り返したり、熊が檻の中を動き回るように、居間の中を歩き回って過ごしたこともあった。

後日談になるが、大学を定年退職して間もなくすると、長年苦しめられた腰痛は完全に消失したわけではないが、まるで嘘のように、十分の一以下と言ってもいいほどに軽減したのである。このことから、私の腰痛にはストレスが大きく関わっていたことは確かだった。

ストレスが腰痛の原因になることは知ってはいたものの、それはあくまでも例外的なことだろうと認識していたのだが、そうではなかったのである。作家の夏樹静子さんは、激しい腰痛に悩み、いろいろな診断名のもとで治療を受けたが良くならず、自死まで考えたことがあったらしいが、最終的には医師の勧めで断筆して静養することで、腰痛から解放されたという。ストレスが最大な腰痛の原因だったのであろう。

腰痛に引き続いて私を襲ったのは右肩から右上腕にかけての激痛だった。すでに体験ずみだった五十肩の再発かと思ったが、それとは違って夜間に痛みが酷くなり、眠れなくなるほどだった。診断は右肩腱板断裂だった。夜、横になると右肩が疼《うず》くように痛みだし、起き上がると楽になるので、書斎のリクライニングシートの角度を四十五度くらいにして寝たことが何度もあった。

ペインクリニックで局所に副腎皮質ホルモンと局所麻酔薬を注入してもらったこともあったが、効果は一時的なものだった。右肩から右上腕の痛みに加えて、朝、指のこわばりが認められたことから、リウマチ性疾患が疑われ、検査の結果、リウマチ性多発筋痛症と診断された。

ところが、さらに足背部に浮腫が高度に認められるようになったことから、この病気と近似している、いまだ日本語の病名がついていないＲＳ３ＰＥ（Remitting Seronegative Symmetrical Synovitis with Pitting Edema の頭文字を綴ったもので、頭文字にＳがつく単語が三つ続くので「Ｓ３」とまとめたものである。これを日本語に直訳すると、予後の良い、リウマチ因子陰性で、対称性に見られる、圧せば凹む浮腫を伴う滑膜炎という一口では言えない長い病名になる）の可能性がある、ということになった。いずれも自己免疫疾患の範疇に入る疾患であり、副腎皮質ホルモンによる治療で寛解した状態になっている。

まだ、現役ばりばりのころ、突然右足の踵と土踏まず（足底筋）が歩けないほど痛くなり、足底筋膜炎と診断された。その当時はまだかなりの体重オーバーだったことやジョギングをしていたことで、土踏まずに大きな負担をかけていたことがその原因になっていたらしい。

整形外科医の友人の勧めで、足底部のアーチ形態を補正してショックを和らげる靴の底敷き（インソール）をオーダーで作ってもらったところ、ほとんど痛みを感じないほどになった。まさに「痛いの、痛いの、飛んでいけー！」と言ったとたんに、痛みから解放されたようなものだった。

膝関節痛は、筋トレでコントロールできる

還暦を過ぎたころから両側、とくに左の膝関節に歩行時に痛みが出るようになり、ご多分にもれず変形性膝関節症と診断された。整形外科医から、膝関節への負担を軽減するために太もも（大腿四頭筋）を強化することを目的とした筋トレを勧められ、今でもそれを実行している。そのおかげもあって、膝関節痛は何とかコントロールされている。

ところが今、ちょっと悩んでいるのが右の小指の第二関節が脹《は》れて痛いことである。これは関節軟骨がすり減って、骨同士が摩擦を繰り返すことで炎症や痛みを生じる、膝関節にも起きているのと同じ変形性関節症が指関節に生じたものである。

加齢が大きく関与している主だった痛みの遍歴をざっと見渡しても、このくらいは

ある。でも、この程度の痛みなど、自分と比べれば何ということはないと言う人は大勢いるだろう。

これまでの医者人生を振り返ってみると、医学の非力を悔やみながら、「痛いの、痛いの、飛んでいけー！」と叫びたい思いで、患者さんを診療した情景が、いくつもいくつも脳裏に浮かんでくる。

「堪忍」という文字
――周囲への怒りをこらえる方法

もう四十年近くも前のことになるが、教授に就任したときに、医学書院の長谷川泉氏（当時社長）にお願いして、色紙に「堪忍」という文字を揮毫《きごう》してもらい、それを自宅の書斎に置いた。その当時、私に最も必要とした心構えが堪忍だったのだと思う。

今も額に入ったその色紙が私の書斎にあるが、それに目が止まるたびに、あのころの堪忍の対象になった数々の事象の端切れが脳裏を横切っていく。ときには、その端切れの一つが頭の隅に引っかかって、大きな映像としてあのころの厳しかった状況が復元されることがある。

堪忍は、崖をよじ登るときに足元に突き出た小さな岩が滑り止めになっているのに似ていて、激情による理性の崩れを防ぐ支えになっていた。堪忍を積み重ねるたびに、生来の脆弱な精神の枠組みが少しずつだが強化されたことは事実だった。その場の激情による反発を理性で抑えて堪忍するときは、「ならぬ堪忍、するが堪忍」という言い古された言葉が妙に真剣味を持って心の中を回遊していた。

テレビの国会中継を見ていて、野党の質問に答える首相や閣僚の方々が気の毒に思えてならないときがある。まともな常識を持った大人とはとうてい思えないような、礼を失した言葉での質問に、激情に流されることなく、平然と応答している姿を見て、並たいていの堪忍の持ち主ではないと感嘆してしまう。

それにしても、彼らはこのような場面を乗りきってきた百戦錬磨のつわものであるのだろうが、それでも相当なストレスになっているのだろうと想像される。血圧も心拍数も急上昇して、心臓には相当な負担になっていることが予想され、早くその過酷な質疑応答が終了すればいいと願って見ている。

私には政治家になる資質も能力も皆無であり、また、その方面への関心はさらさらなかったが、国会でのこのような有様を見ると、政治家を志向しなくてよかったと思うと同時に、ご苦労をおかけしている政治家の方々に謝意を表したい気持ちになる。

堪忍するたびに堪忍袋は強くなる

今、パワハラが社会的な問題になっている。パワハラとして報道されている話の中には、そこまでの行為となると、常識的な堪忍の限界を超えていると思われることもあるが、その程度ならそれを堪忍して受け止め、プラスに生かすべきと思うこともある。

仕事を遂行するうえで、また、スポーツや技術の修練に際しては、ときには、厳しい指示や指導が不可欠であることに異論を唱える人はまずいないであろう。パワハラを意識しすぎて、指示や指導が緩くなり、その結果、期待していたような効果をあげることができないという事態になることも充分あり得ると思う。

私が大学病院で教職についていたときは、良識ある医師であるための教育には厳しい態度で臨んでいた。そのころはまだ、パワハラという発想も言葉もなかったが、今ならパワハラだとして非難されていたかもしれない。さらに、研究に際しても、国際的に認められる成果を一流の専門誌に掲載することを目標にしていたので、その指導は徹底して厳しかった。これも今ならパワハラと見なされる可能性は大いにあり得るだろう。

かつての医局員たちが、その厳しい修練が医師としての心構えを整えるうえで大いにプラスになったと述懐するのを聞くと、意図していた指導が好意的に評価されている響きに心地よさを感じながらも、過酷な堪忍を彼らに強要したのであろうという後悔の念が突風のように脳裏をかすめる。

堪忍するたびに堪忍袋は強くなるのではないかと思う。苦労が多かった人は堪忍しなくてはならないことが多かったに違いない。その分だけ堪忍袋は強くなっているのではないだろうか。苦労人といわれる人が概して温厚で激することが少ないのはそのせいだと思う。

その反対に、何でも自分の思い通りにならなくては承知しない人は堪忍の鍛錬が充分にできていないので、ちょっとしたことにもすぐに堪忍袋の緒を切ってしまう。堪忍袋の緒を切った後には、往々にして不幸な結末が待っているものである。

「金持ち、喧嘩せず」ということわざ

ある国の大財閥の夫人と二人の令嬢がそろいもそろって、些細なことに激怒して、考えられないような暴挙に出たことが報道され、世間の顰蹙を買い、大恥をさらけ出した。彼女たちの堪忍袋はどうなっているのだろうか。もともと、堪忍袋自体が存在しないのかもしれない。

「金持ち、喧嘩せず」ということわざがある。これは、自分の立場を失わないように、保身のためにも、喧嘩を避けるのが金持ちの振る舞い方であるということである。世間には、ノミの心臓にあらず、ノミの堪忍袋の人もいると心得て、「君子危うきに近寄らず」を念頭においたほうがよさそうである。

これまでに堪忍しなかったことで後悔したことはいくらもあるが、堪忍したことで後悔した記憶は私にはない。いくつになっても、堪忍が肝要であることは間違いない。

人生の持ち時間

――老いに一矢を報いる

年はとりたくないもんだなあ、と嘆くようになったのはいつごろだったろうか。冗談半分に口にするようになったのは、四十代に入って間もないころだったような気がする。何しろあのころは血気盛んで、一見無理に思えるようなことでも、体力・気力にものを言わせて、強引に押しきってそれを可能にすることが、それほど稀なことでもなかった。

そんな全盛期とも言える時期に、それまでのようにはすんなりといかないことが出没するようになり、まさかと思いながらも、年のせいなのかもしれないという懸念がときおり脳裏を擦過するようになった、という微かな記憶がある。今から思えば、もうあのときはすでに、目の前に開けた平坦な道は、気がつかないほどの緩やかな老いの下り坂になっていたのだと思う。

それからは、最終地点の麓《ふもと》がまだ見えない緩急入りまじった凸凹の坂道を躓《つまず》いたり、転んだりが続いた。そして、ようやく少し開けた見晴らしのいい場所に辿りついて、ほっと一息いれているのが今、このときなのだと思う。

もうここまで来れば、目指す麓まではそんなに時間はかからなさそうなので、ここいらで錦秋を迎えた人生の穏やかで華やかな景色をめでながら、心ゆくまで、ゆっくりと過ごしたいと思う、そんな心境である。今は、このたゆたう時の流れに静かに身をまかせているだけで、もうこれ以上欲しいものは何もないと思えるほどに、心が満たされている。

責務を手放し、手に入れた心躍る別世界

若いころは欲しいものがいくらもあった。それらを手に入れたいという欲望が、良きにつけ悪しきにつけ、活力を産み出すエネルギーになっていたのは間違いなかった。

そのころは、活力にあふれてはいたが、これで充分だと満たされた心境になってい
たかというと、そうでもなかった。目指していたものを手にしたそのときは、そんな
気分になったが、すぐにそれでは満足できずに、それ以上のものを手に入れたいと思
うようになった。そして、また、その欲しいものを手にするために懸命の努力をする。
そんなことを延々と繰り返していた。

定年が視界に入るようになった五十代半ばごろからは、教授としての仕事の総仕上
げとして、教室員の学位論文の指導・作成に関心を集中させたいということもあった
が、そのころには、もう何が何でも手に入れたいという個人的な目標も、それを達成
するための意欲も希薄になっていた。

そして、どうにか大学での責務を果たして定年退職し、非常勤医師として医療に携
わるようになって手にしたのは、自分に課せられる責務がこれまでの何十分の一に縮
小したことと、有り余るほどの自由な時間だった。大袈裟な表現にはなるが、突然、
これまでとはまるで違う別世界へ入り込んだように感じられ、戸惑いはしたが、わく
わくすることのほうが大きかった。

たしかに、退職後はそれまでの仕事を失ったという喪失感は小さくなかったが、二十年間の内科主任教授としての重責からの解放感や二十四時間をまるまる自由に使える満足感がそれをはるかに凌駕していた。

アンチエイジングをやってみた実感

遠巻きにしながら、じわじわと忍び寄ってくる老いには、もうずっと前から気づいてはいたが、しばらくの間は大丈夫だろうと高をくくっていた。それがそう呑気に構えてはいられないと思い知らされることが多くなってきた。さあ、どうしようかと思っても、どうしようもないことばかりである。

そのどうにもなりそうにないことを、少しでも何とかしようとチャレンジしているアンチエイジング（抗加齢）に、多くの人が、多分に野次馬的なところがあるにしても、それでももしかしたらという切ない思いを抱いて興味の目を注いでいる。

アンチエイジングでは、加齢に伴い減少する各種ホルモン（男女性ホルモン、成長ホルモン、メラトニンなど）の補充、ビタミンCやコエンザイムQなどのサプリメントの摂取、免疫療法、老化の原因にもなっているメタボリックシンドロームの治療、運動による筋力増強、低カロリー食、低炭水化物食など、いろいろな対策が試みられている。

ホルモンの補充以外のことはアンチエイジングばかりでなく、生活習慣病の予防・治療にもつながっていると認識することでモチベーションが上がってくる。

老いはもう自分ではどうにもならないし、今さらじたばたしてもどうしようもないと、ただ様子を見ているだけというのも、いささか業腹でもあり、老いに一矢を報いるというのも面白そうでもあり、アンチエイジングという発想には興味を覚えている。

そうは言っても、私がしているのは、低炭水化物食、ビタミンCとコエンザイムQのサプリメント摂取、筋トレ・水泳くらいである。はたしてアンチエイジングとしての効果はどうかだが、自分ではそれなりの効果が出ているとみている。

高齢者には自由に使える時間がこれまでなかったほどたっぷりとあるのだが、問題はその時間を使える期間がもうそう長くはないことである。このことを折に触れて思い出して、今という時間の過ごし方の調整を心がけることにしている。

これからは老いの厳しさが加速度を増して迫ってくる。それに仁王立ちになって立ち向かっても、どうにかなるものでもないので、柳に風と受け流すしかない。そして、もうここまで来たら、持っている可能性を全部使って、今という時間を存分に楽しむことだと思っている。

残り少なくなった持ち時間を、思い通りに使いきることができれば、人生の終焉を眺望する景色は燦然とした見事な色彩に彩られることになるのは間違いないと、能天気にもそう思うことにしている。

第四章　悠々自宅の一日

老気《おいげ》の至り

——老いの兆候は、五十歳を越すころから現れる

若いころの出来事をちょっとだけ振り返ってみても、何であんなことをしてしまったのだろうかと、忸怩《じくじ》たる思いが込み上げてくることがいくつもある。それらの多くは若気《わかげ》の至りで、血気にはやり、思慮分別が充分でなく、経験が浅いことから惹起された失策である。

高齢になって経験を積み、それなりに思慮分別がついているはずなのに、ばつが悪い思いをしたり、人に迷惑をかけたり、非難の目が向けられたりすることが、それほどめずらしいことではなく、日々の生活の中で起きている。その多くは、「老気《おいげ》の至り」の結末である。

物忘れ、ケアレスミス、遅い動作という厄介者

老気の中でとくに厄介なのは、物忘れ、ケアレスミス、遅い動作であろう。物忘れは、五十歳を越すころから、早い人ならもっと若いころから、ぽつぽつと現れはじめ、還暦を過ぎるころになると気になるほどになり、それから後は本気で認知症が心配になるほどに増えてくる。

高齢者はそんな物忘れを人前にさらけ出すことになっても、それを上手くごまかすだけのコツを心得ているので、周囲の人がそれと気づいても、ただの物忘れと軽く受け流してしまう。だが、その物忘れが高齢になれば、誰にでもみられるという範囲を超えて、すでに認知症に近いところにまで進展しているかもしれないと、疑いの目を向ける人はそう多くはない。

現状では認知症の進行を確実に阻止する有効な治療法はないが、認知症の一歩手前の軽度認知障害（MCI＝Mild Cognitive Impairment）の段階で適切に治療をすれば、半数以上の患者さんが現状維持か改善する方向に向かうことが明らかになってい

る。

そして、ＭＣＩの初期症状が物忘れなのである。そうなると、日ごろの物忘れが単なる年のせいではなく、ＭＣＩの症状かもしれないと疑ってみることに現実的な妥当性が出てくる。このまま放置しておけば、治療可能なＭＣＩから治療困難な認知症へと進展する恐れがあり、今がその分水嶺なのかもしれない、という不安に駆られても不思議はない。

その分水嶺に立っているのかどうかの判断は、医者でも専門医以外では難しいものである。物忘れが尋常ではないと感じたり、身近にいる人からいつもと違うと指摘されたりしたら、そのときは躊躇することなく、医療機関で専門的な診察を受けるべきだと思う。

高齢になるとやたらとケアレスミスをするようになる。約束の日時を間違えたり、人の名前を言い違えたり、人違いをしたり、勘違いをしたりなど、数え上げたらきりがないほど日々ケアレスミスをしている。

ときには命に関わるケアレスミスをすることもある。道を横断するとき、左右を見て安全確認をしたはずなのに、渡りきった直後に、後ろを車が猛烈なスピードで通過して、ドキッとしたことが何度かあった。あと何分の一秒か遅れていたら轢《ひ》かれたかもしれなかった。

そのときは、はるか遠くに車がこちらに向かってきているのを知ってはいたが、その車が来る前に余裕で渡ることができると判断したのである。だが、自分の歩行速度と車の速度に対する判断を間違えてのケアレスミスだった。

青信号で横断歩道を渡りきれれば認知症ではない

老気が丸出しになって出てくるのが動作の遅さであろう。普通に歩いているつもりでも、後から来た人がそれほど急ぎ足でもないのに、すいすいと追い抜いていく。信号機のある横断歩道では、歩行者青信号の最低秒数が百センチ／秒と設定されている。認知症の人は歩行速度が八十センチ／秒より遅い人が多いことが観察されているので、青信号のうちに横断歩道を渡りきることができれば、認知症である可能性は低いとみていい。

私は今のところ、途中で黄信号に変わることはあっても、急ぎ足にすれば、赤信号になる前には横断歩道を渡りきることができている。このことから、自分の歩行の遅さは老気の徴《しるし》であることは間違いないが、認知症の徴候ではないと思うことにしている。

遅いのは歩行だけではなく、手作業、口作業、脳作業も目に見えて遅くなっている。先天的ともいえる不器用さのために、家での手作業からは長年、完全に干されている身の私でも、私の治外法権下にある書斎の内にあっては、書籍や書類などの整理整頓や部屋の掃除などの諸々の手作業はすべて私自身がしている。

ところが、近ごろでは、その一つひとつの作業が実にもたもたしていることに自分でもいらつくほどになっている。手作業がこんなにもたつくようになったら、外科医は務まらないだろうなと思いつつ、手作業が稚拙でもなんとか務まっていられる内科医であることに気をよくしている。

患者さんと話をする口作業は内科医にとっては、外科医のメスのようなもので、重要な治療手段である。口作業のスピードは手作業と同様に高齢になるにつれて遅くなってくる。私はもともとが早口なので、診療の際に患者さんと話をするときも、また、ラジオやテレビや講演会などで話をするときも、心して早口にならないように注意をしてきた。

しかし最近は、とくに心がけているわけでもないのに、ゆっくりしたペースで患者さんと話をするのが普通になっている。この口作業のスピードダウンは明らかに老気の徴候ではあるが、今の私にとっては生来の早口の歯止めにはなっているので、これで良しとして受け止めている。

今一番の悩みになっているのが、脳作業の遅さである。自慢できるほど素早く、効率的な作業をする脳だとは思っていないが、それでも人並みくらいではないかと自惚れていた。ところが近ごろは、老気の兆《きざ》しが著しく、脳作業のいたるところで遅れが出てきて、思考回路の回転が鈍くなっている。このままいくと、認知症へとまっしぐらに進む最悪のコースを辿りかねない。そんなコースを辿るリスクを少しでも軽減するために、読み・書き・運動の習慣を生活の中心に据えることにしている。

今が見ごろの私
――良い面も悪い面も、その人らしさ

多少、危なっかしく見えても、活き活きと活躍している人を見ると、「今が花だなあ」と多分に羨望の念を込めて眺めることがある。そして、あのころの自分は……と、その人と同じころの自分を思い起こして、あれも花だったのだろうなと、こそばゆい思いになる。

「青春時代」という歌謡曲（作詞＝阿久悠、作曲＝森田公一、歌＝森田公一とトップギャラン）の歌詞の中に、

「青春時代が夢なんて　あとからほのぼの思うもの　青春時代のまん中は　道にまよっているばかり」

という一節がある。まさにその通りだと納得している。

子育てにてんやわんやだったころ、母は遊びに来るたびに、「今が花よ」と家内と私に向かってよく口にしていた。そのときは、そんなものかなと思わないでもなかったが、それよりも目の前の煩わしさに目が向いて、その対応にあたふたしていて、それどころではなかった。そして、今、そのころのことを、まさに花だったなあ、とほのぼのと思い出している。

自分の顔に責任を持つということ

第十六代アメリカ合衆国大統領のリンカーンは、閣僚に推薦されてきた人を、「顔が悪すぎる。四十歳を過ぎたら自分の顔に責任を持たなくてはならない」と言って採用しなかったという。今ならそんなことを口にしたら大きな社会問題になるだろうが、その言わんとしていることは理解ができる。

人の顔を見て、その人の職業を当てることは難しいが、裁判官、教師、牧師、学者、刑事、反社会的集団関係者などと、身元を知ってから、あらためてその人の顔を見ると、なるほどと納得することはよくある。

人は自分の置かれた立場に相応しい顔をして過ごしている。その顔を保つ特有な顔面筋の緊張と弛緩が必要になり、それと同じ状態を繰り返しているうちに、それに相応しく表情筋が形作られ、特有の人相が形成されるのである。

「作るのに七十八年かかったが今が見ごろの我が貌《かお》である」（「産経歌壇」日比光哉氏）

この歌を読むと、今が見ごろと言いきった作者の心意気が胸にしみてくる。そこであらためて己の顔を鏡に映して見ると、間抜け面は相変わらずだが、突っ張っていた欲の皮をこれまでに何枚も引き剝がしてきたこともあって、ますます顔にしまりがなくなっているのがわかる。そのせいもあって、いくぶんかは見やすくなったかもしれないと、密かに自惚れているのだが、これは呆けの徴候なのかもしれないという懸念も拭いきれないでいる。

往年の大スターだった俳優や歌手たちがかなりの高齢になった今でも、ときどきテレビの画面に登場してくることがある。たいていの俳優は見事に年輪を重ねて、人間味に厚さを増し、全盛期のころよりずっといい俳優になっている。これまでになるのには何十年もの長い年月がかかったが、ようやく今が見ごろの俳優になったのだろうと思う。

歌手は年齢を重ねてもその人の特徴的な声色が残ってはいても、残念ながら声に力と艶が失われている人が多く、ときには聴くに忍びないと思うことがある。そのことを一番よく自覚しているのが当の本人であるはずなので、生出演を依頼されても、全盛期に録画されている映像を流すだけにしてほしいと申し出たに違いない。それにもかかわらず、テレビ局から無理を承知でと請われて、断りきれずに生出演したのだろう。

そんなことを勝手に想像して見ていると、身も心も全盛期のころに戻ったつもりで、情感を込めて歌っているのを、今が見ごろと思って、聴いてほしいと願っているようにも思えてくる。実際、その同じ歌を今の人気歌手がどんなに上手に歌っても、往年の大スターの聴くに忍びないほどの歌のほうが、はるかに私たち高齢者の心に感動を与えるのは本当である。

「今が見ごろの我が貌である」と言うのにはいささかおこがましさを感じる人もいるかもしれないが、今が見ごろと自負している何かを持っている人は大勢いるはずである。若いころからずっと続けてきた、茶道、華道、書道、日本舞踊、社交ダンス、楽器の演奏、スポーツ、和歌・俳句・川柳・絵画・写真の創作などが、「今が見ごろの高いレベル」にまで到達していると、自他ともに認めている高齢の人は大勢いると思う。

良い面も悪い面も本来のその人らしさが最も顕著に出ている、今が見ごろの時期がある。

「年をとったら義父の頑固な性格が少しは和らいでくるかと思っていたのですが、ますますひどくなってきましてね。困ることもあるんですが、でも、それも今がピークで、そのうちだんだんおさまってくると思って、大目にみることにしているんです。私の父もそうでしたから」

なんの屈託もなしに、こんな話をした知人の夫人は、舅の頑固さを迷惑だと思いながらも、一方では、今がちょうどその頑固さの見ごろだと面白がってみていたのではないだろうかと、そのおおらかさに好感を覚えた。

対話力は、真剣に長く磨かねば身につかない

さて、こんな私にも「今が見ごろ」のものがあるかどうかと自問したとき、もしかしたらと思いついたのが「対話力」だった。医者になってすぐに、患者さんと医者との対話が内科医としての診療の要であることを知って、今日までの五十年以上の臨床経験を通して、対話に重点をおいての診療を続けてきた。今は患者さんとの対話が少なくなり、検査に重点がおかれた診療が主流になっている。これでは治療の対象が病人ではなく病気に向けられることになり、病気は治っても病人は治っていないという歪んだ事態にもなりかねない。

対話力は一朝一夕で身につくものではなく、その気になって長年にわたり真剣に取り組むことで、少しずつ経験を積み重ねて自分のものにすることができるのである。口幅ったいことを言って面映ゆい気もするのだが、患者さんとの言葉によるコミュニケーションをとる対話力だけは、「今が見ごろ」だと密かに自惚れている。

羨ましい人
――スーパー老人にはなれなくても

これまでに羨ましいと思った人はもう数えきれないほどいたし、今もいる。若いころは、欲しくても手に入らないものを持っている人を羨ましいと思うことが多かった。

小学校の高学年のころ、とくに羨ましいと思った友達が一人いた。彼は、ドッジボールが飛びぬけて上手かった。彼は背が高く、独特なフォームで投げるボールは、どちらに向かって投げられるかの予想がつかず、しかも猛烈なスピードと球威があり、他を寄せつけない強さがあった。

何とかあんなボールを投げることができないかと懸命に練習したが、どうにもならなかった。彼は勉強もよくできて、格好がよくスター的存在で、クラス皆の憧れの的だった。

中学・高校時代には、勉強が面白くなってきたころでもあり、自分よりできると思う同級生に対しては闘争心と同時に憧れを感じていた。とくに、一人のクラスメートは、勉強だけではなく、スポーツ万能で、習字はいつも廊下に張り出されるほどの達筆で、また、見事な絵を描くし、ピアノも上手く弾くという、オールラウンドの秀才だった。

彼は、昼休みの間も参考書から目を離さないガチガチの秀才ではなく、皆と混じって、菓子パンをかけてトランプや将棋に興じたり、大人向けの雑誌の回し読みに加わったりしていて、勉強をしているという雰囲気はまるでなかった。それでも試験の成績は常に上位を占めていた。そんな彼に対して、敗北感が入り混じった憧憬と畏敬の念を抱いていた。

だが、大学に入ってからは、私もクラスメートも学業のうえでの競争意識はほとんどなく、やたらと多い試験に通ることに専念していて、成績を競い合うというムードはまるでなかった。これは医学部という特殊な学部だったせいかもしれない。医学部の学生は将来、医者になるしか道はないし、しかも、試験の成績で何かが選別されるということがないので、試験に通りさえすればいいのである。

それに、学内の試験は特別な才能など必要としなかった。ただちょっとだけ人並みを超えたくらいの記銘力と記憶力さえあれば、何とかなったので、知的レベルで同級生と競い合うという意識がなく、同級生に羨ましいという感慨を抱くことはなかった。

しかし医者になって研究を始めてからは、瞠目すべき業績を次々に挙げ、他の追従を許さない活躍をしている何人もの研究者に遭遇して、己の浅学菲才を恥じながら、羨望の念に駆られることが度々だった。

それも、もう遠い昔の話である。今は研究から身を引いて、かれこれ二十年近くにもなるが、学会誌や学術講演で画期的な研究報告に接すると、今でも胸躍る思いになる。だが、もう羨ましいという気持ちではなく、賞賛と今後の活躍へのエールを送りたいという思いが心の中を満たしている。しかし、そのような仕事ができる若さとエネルギーに対しては、羨望の念が皆無であるとは言いきれないのも本当である。

スーパー老人への憧れと心配

今でも羨ましいと思う人がいくらもいる。私と同世代の人が私より元気でアクティブに活躍しているのを目の当たりにすると、正直、あんなふうになりたい、と思う。

私は今も、週に二日、午後だけだが近くの病院で非常勤医師として外来診療に携わっている。このくらいが今の私にはちょうどいい仕事量と感じているが、私の周囲を見渡すと、大学の同級生や先輩の中には、週に四日、ないしは五日、それも午前も午後も診療していて、休みの日には小まめにゴルフをしたり、小旅行に出かけたりしているスーパー老人が何人もいる。

そんなスーパー老人は、忙しく働いているからこそ元気でいられると異口同音に言い、私に向かって、そんなぬるま湯につかっているような生活をしていると、今に呆けてしまうぞ、と冗談とも思えない口調で、もっと働くようにと勧めるのである。

このようなスーパー老人を見ていると、羨ましいとは思うが、生来の怠け者である私は、そこまで働く気には到底なれず、今くらいの働き具合に留めておいて、残りの時間の中に元気の源を作り出すほうが私には合っていると思っている。

家の近くのスポーツジムにもう三十年以上、週に二、三回通っている。三年ほど前からは、それまでしていたエアロビクスをやめて、筋トレと水泳をしている。

私が行く午前中は、当然のことながら若者はほとんどいなくて、中高年者がほとんどである。筋トレのエリアの一角は、マシーンを使ってのごく普通の筋トレではなく、ウェイトリフティングに当てられた特別なエリアになっている。そこには、腹に太い革のベルトを巻いて、いかにもアスリートという人たちだけが集まって、私たちのような筋トレの真似事をしている者には立ち入れない雰囲気がある。

その特別区域には、定年退職後まもないくらいの人から、私と年齢がそれほど違わない人までが果敢にウェイトリフティングに挑んでいる。シャフトの両側にいかにも重そうな大きなプレートがついているバーベルを、台のうえに仰臥位《ぎょうがい》になって、うなり声を吐きながら持ち上げている高齢者の姿は、壮絶を極めており、その中に悲壮感が漂っているように感じられて、凝視しがたくなる。

高齢者とは思えないがっしりとした筋肉がついているのは見事だし、ウェイトリフティングに挑む意気込みに感服はするが、羨ましいとは思わない。それに血圧は間違いなく上昇しているはずなので、心筋梗塞や脳卒中にならないだろうかと心配になってくる。

己の未熟さを補おうとするエネルギー

マシーンを使っての筋トレを終えてプールへ行くと、そこは明るく広い空間が広がっている別世界である。そこも若いインストラクターを除けば、ほとんどが高齢者の男女で占められている。私が泳ぐレーンは二十五メートルの途中でも休める初級者用で、その一方の隣のレーンは水中ウォーキング専用、もう一方は二十五メートル以上続けて泳ぐ中級者用のレーンになっている。

私は、水中ウォーキングをしている家内に後から追い越されるくらいの超低速で無様な平泳ぎをしている。ときどき、隣の中級者用のレーンを、いつもは水中ウォーキングをしている私と同年代の男性が見事なフォームのクロールで泳ぐのを見て、うっとりとすることがある。そんなとき思い出すのは、学生のとき、学友たちとスキーに出かけたときの蔵王のゲレンデでのある場面である。

それは、友人たちがクリスチャニアやウェーデルンなどの美しいフォームで滑降している姿を見て、緩やかな斜面ならやっとパラレルで滑れるようになった万年初心者の私が、もしあんなふうに滑れるようになるレッスンがあるなら、間近に迫っているすべての試験を放り出してでも受けたいと思った、あのときのことである。

今はもう、若いころのようにむやみに人を羨むことはないが、それでもまだ羨ましいと思う人はいくらもいる。この年になっても、羨ましいと思う心情は、往生際の悪さの表れであるとは思うが、あえて詭弁を弄するとすれば、己の未熟さを自覚して、その不足分を補おうとするエネルギーがまだわずかながら残存している証であるかもしれない。私はそう思うことにしている。

自分をほめたい

――我ながらよくやったと感じる瞬間

スポーツ選手が厳しい競技を通して栄冠を手にしたときの感動の中には、自分自身に向かって、よくぞ頑張った、と自らを賞賛する気持ちが充満していると思う。有森裕子さんがアトランタ五輪の女子マラソンで大健闘のすえ、銅メダルを獲得した直後のインタビューで、そのときの気持ちを「自分で自分をほめたい」と語った言葉が注目を浴びて、その年の流行語大賞に選ばれた。

この言葉は、フォーク歌手の高石ともやさんが書いた詩の一節を引用したもので、有森さんはこの詩を初めて聞いたときに感動して、いつかこの言葉を言いたいと思っていたとのことである。

「自分で自分をほめたい」という表現ではないが、「我ながらよくやった」と誇らしく思ったことは誰でも一度や二度はあるに違いない。

そう思えるような場面を想起するとき、まず第一番に浮かび上がってくるのは、高校時代に大学受験へ向けての勉強に専念していたころである。あのころはまだ、高校時代の三年間、とくに高校三年の一年間が一生を左右する大きな関門であるとの認識が、ずっとあとになってそうだったと実感したほどには明白ではなかった。だが、これを乗り越えれば、それまで見たことがない魅惑的な新しい世界が開けてきて、その中で自分の未来を大きく発展させることができるとおぼろげながらだが夢想していたのは確かである。

夜に弱い私は日中の時間を一秒たりとも無駄にしない覚悟で徹底した勉強ぶりだったが、こんなのは私だけではなく親しい学友たちも皆同じような猛勉をしていた。振り返ってみると、高校時代のあの三年間ほど、熱中して勉強したことはなかった。受験勉強は無駄だったと述懐している人もいるが、私はそうは思わない。

あのころ、あれほどに勉強に没頭できたという記憶がその後、何かに専念しなくてはならないときの自信の創出に少なからず寄与したことは間違いなかった。

チャレンジし続けた市立病院時代の三年間

我ながらよくやった、と思えることをもう一つ挙げるとすれば、それはアメリカでの留学から帰国してすぐに、内科医として勤務することを命じられて赴任したある市立病院での三年間でのことである。そのころの私は研究に対する意欲に満ちあふれていたが、当時のその病院は私が希望する研究を遂行できる状況からは程遠かった。だが、そこには研究熱に浮かされている生意気な若造を温かく迎え入れてくれる好意に満ちた雰囲気があった。

さらに幸いなことには、研究意欲を温存している先輩のスタッフが何人もいて、落ち込みがちの私を何かにつけて叱咤激励してくれた。そのおかげもあって、一時は諦めかけた研究を忙しい日々の診療の合間をぬって創《はじ》めることができた。

研究といっても、地方の病院でできることはごく限られていて、思いついたのが、多くの健常人のベクトル心電図を記録し、それを手作業で詳細に測定して統計的に解析することぐらいだった。このテーマについての欧米人を対象にした研究はすでにあったが日本人についての報告はなかった。

コンピューターを使えば、数週間で測定から統計処理まで簡単に行うことが可能であったであろうが、コンピューターなど夢のまた夢の職場にいた私はこれをすべて手作業で毎日数時間かけて行い、ほぼ三年間かけて研究を終了した。そして、その成果を英文論文に仕上げて国際的に高く評価されている米国の循環器専門誌に投稿し、奇跡的に採用されたのである。このことが一つの契機となって杏林大学医学部への道が開かれることになった。

その市立病院での三年間は、今なら過労死のリスクがあるとして問題視されるかもしれないほどの過酷な状況下の臨床医として働く一方で、浪人の手内職のような細々とした研究に熱情を持ってチャレンジし続けたのである。若いエネルギーを完全燃焼させて仕事をしたこの三年間は、自分で自分をほめてやってもいいと思える頑張りようであった。

認知症の家族を世話してきた人は、自分で自分をほめて当然

あの人なら「自分で自分をほめたい」と言ったとしても、それは至極当然なことだと納得できる人が世間には大勢いる。私の周りだけでも何人もいる。

長年にわたり認知症の夫（妻）や姑や舅の世話をしてきた人、脳卒中による重篤な運動障害や言語障害のために、職場への復帰が絶望視されていたにもかかわらず、過酷ともいえるリハビリテーションに果敢にチャレンジして、見事に職場復帰に成功した人、ダイエットと運動を続けて糖尿病を克服した人、長年にわたりいくつものボランティア活動を継続して行っている人などは、自分で自分をほめて当然だと思う。

さて、それでは今の自分はどうなのかとなると、情けないことに、俄然、身が縮まる思いになる。

香りの思い出

――加齢は嗅覚を鈍くさせる

一つのにおいがある特別な情景を喚起させることがある。私はペンキのにおいを嗅ぐと、そのとき何かに集中していても、それを押しのけるようにして、三十代初めのころ、アメリカのワシントンにあるジョージタウン大学に留学した当時のことが想起されるのである。留学の予定がクリスマスを間近に控えたころに急遽決まり、単身で出発した。

ワシントンについた日は、大学で手配してくれた安いホテルに泊まり、翌日からアパート探しをした。指導教授の秘書が新聞広告からいくつか選んでくれたところをタクシーで見て回ることからスタートした。通勤の利便性や安全性や家賃などを勘案して決めなくてはならないのだが、秘書に意見を求めても、ごく大雑把なことしかわからなかった。

それにクリスマスが目前に迫っていたので、あたりはクリスマスムードであふれていて、こんな時期にアパート探しをする私に、不審の目を向けるアパートの管理人もいた。いくつか見て回ってみて、ようやくワシントンと接しているメリーランド州のシルバー・スプリングにある2LDKの部屋を借りることにした。それから、秘書にあらかじめ聞いておいた家具専門店へ行き、ベッド、応接セット、ダイニングセットなどの最低限の安価な家具を買い、特別料金を支払って、翌日の朝十時に配送してもらうように手配した。

だがその翌日、朝からがらんとした部屋で待っていたが、来たのが午後になってからだった。外は震え上がるほどの寒さであったが、部屋の中はスチーム暖房と床暖房で汗ばむような暖かさになっていた。新規入居者のための部屋の改装の一貫として、あらゆるところを白いペンキで塗りたくった観があった。そのためにペンキのにおいが部屋中に充満していて、気分が悪くなりそうになり、窓を開けなくてはならないほどだった。

部屋探しで回った先のどの部屋も、同じようにいたるところに白いペンキが塗られていて、そのにおいは強烈だった。そのときの体験に加えて、アメリカにいる間に何度も同じような白いペンキとその強烈なにおいに遭遇したせいで、今でもペンキのにおいを嗅ぐと、アメリカでのあのときの情景がすぐに想起されるのである。

嗅覚の衰えが、食欲低下や抑うつにもつながる

私は何年か前から嗅覚が鈍くなっているのではないかと思うようになった。ときどき気分転換に、長年愛用しているエッセンシャルオイルで部屋にアロマを漂わせているが、その香気をかつてほどはっきりと感じなくなっているし、春の沈丁花や秋の金木犀の香気も薄らいで感知されるように思えてならない。嗅覚は二十代をピークにして、加齢とともに衰えていくものらしいので、高齢になれば、人により程度の差こそあれ、若いときと比べればかなり落ちているに違いない。

人によっては嗅覚の衰えから食欲が低下したり、抑うつ状態になったりすることも

あり得るので、気になるようなら一度耳鼻咽喉科を受診することをお勧めする。

犬の嗅覚は人間の百万倍以上とされているが、それははるか遠方にあるにおいを嗅ぐ能力があるというわけではなく、さまざまなにおいを嗅ぎ分ける能力が突出して優れているようなのである。

人間にも微妙なにおいの差を嗅ぎ分けられる能力のある人がいる。香粧品や食品などの香料を調合する調香師は、千種類以上の香りを嗅ぎ分ける能力があるとのことである。驚くべきことに、約六千種類の香りを嗅ぎ分けられるという高い嗅覚保持者が世界には四百人くらいいるそうである。

調香師並みの嗅覚を持つ捜査官が事件現場に残されたにおいから事件を解決していく異色のドラマ「スニッファー嗅覚捜査官」（ウクライナで制作された「スニッファー　ウクライナの私立探偵」というテレビドラマのリメイク日本版）が、ＮＨＫ土曜ドラマとして放映された（二〇一六年）。警察組織の中に嗅覚捜査官という職種は実在しないが、刑事がスニッファー（においを嗅ぐ人）として現場のにおいを嗅ぎ分けて、事件解明の糸口にしたというケースは少なくないのではないだろうか。

嗅覚が衰えてきている私が、今でもスニッファーになれるのは、タバコのにおいに対してである。

「まだ、タバコはやめられないのですね」

と禁煙宣言をしている患者さんが一日にほんの数本しか喫煙していなくても、私の鼻はそれを取り逃すことはまずない。外来に来る日は朝から禁煙し、丁寧に歯磨きをし、待合室にいるときはミントのガムを嚙んでにおいを消そうとしても、タバコスニッファーの私は一瞬にして喫煙の有無を察知できるのである。

においを意識すれば、脳トレ効果が得られる

だが、香気に対しての嗅覚は鈍くなっている。我が家の梅は、におうがごとく今が盛りなのだが、東風《こち》が吹いてもにおいが届かず、花に鼻を近づけないとにおいを感知できない。こんな嗅覚の低下は年のせいでしかたがないと諦めていたのだが、そうでもないらしい。身の回りのにおいを、何のにおいかと意識しながら嗅ぐようにしていると、嗅神経細胞の数が増え、脳内回路のネットワークが強化され、次第に嗅覚が改

善されることが明らかになったのである。

においの脳トレ、やるだけのことはありそうである。

長い夜
――若き日の宿直の思い出

なかなか寝つけないでいたとき、ふと、若いころの病院での宿直のさまざまな光景が頭に浮かんできた。この分だとすぐには眠れそうにもないと思われたので、それならと開き直って、宿直の場面を記憶の底から引き上げてみることにした。

はじめて宿直をしたのはインターンのときだった。当時はまだ、医学部を卒業した後の一年間は、病院でインターン生として実地研修を受けてからでないと医師国家試験を受ける資格がなかった。インターン生は、国から援助金が支給されている今の研修医と違って、まったくの無給だった。しかも、医師の資格がないので、医師として働いて収入を得ることができなかった。それでも、医師の監督のもとでなら、診療に参加することが許されていたので、かろうじて一般病院での宿直のアルバイトの口はあった。

産科でのアルバイト

私は横浜市のはずれの総合病院で産科当直のアルバイトを友人と隔週ですることにした。私はすでに内科を専攻することに決めていたので、この先、じかに出産に立ち会う機会はそうそうあるはずはないと思って、この産科宿直のアルバイトをすることにした。産科宿直をする夜は出産が始まるまで、宿直室で産科の教科書を読んで過ごした。

出産が始まりそうになると、看護師が迎えに来た。出産はベテランの助産師の手際のいい手さばきで行われるので、たいていは異常事態が発生しないかぎり、医師はその場に立ち会うだけで手を出すことはない。だが、きっぷのいい年配の助産師は私にいろいろと手伝わせてくれた。それは、ただそばでじっと突っ立って見ているだけでは可哀想だと思ってくれたからなのだと思う。

医師でもない、出産の経験もないインターン生の私なので、異常分娩になりそうなときには、ただちにオンコールで自宅に待機している産婦人科医を呼ぶことになっていた。出産が終わってからは、看護師控え室で茶菓を食べながらの慰労の集いがあった。そこでのお喋りは実に楽しかった。

大学院へ進んだから無給というのではなく、大学病院に残っている医者の大部分は無給医だった。医者になって四、五年ぐらいから、ようやく週に一回か二回、関連病院や大会社の医務室にパート医として出向して、安定した給料を得ることができたが、それまでの若手の医師は、個人病院の宿直医をすることでぎりぎりの生活をしていた。宿直する病院によっては、ただ寝に行くような楽なところもあったし、ひっきりなしに救急患者さんが来て、一睡もできないというところもあった。

このような病院の宿直は敬遠する医師が多かったが、今でしかこのような経験をすることはできないから積極的に引き受けろ、と先輩から厳しく説得されて、よく宿直を引き受けていた。

今思うと、あのときの救急室は、アメリカの人気ドラマ「ER 緊急救命室」のミニ版のような凄まじい光景が展開していたのである。その経験が私の臨床医としての心構えの基盤に取り入れられているのは間違いない。

大学院生でも病院のシステムでは若手医師として診療の枠組みの中に組み込まれていたので、宿直当番は頻繁に回ってきた。そのころは、当日の宿直医が医局の掲示板に四つの階級順に提示されていた。

上段には医師になって十年以上の大先輩が夜間の病院長代行という立場で、特別病室の宿直を担当していた。中段の医師は五、六年以上の臨床経験があり、主に一般病棟の宿直と夜間の外来診療の指揮をする立場にあった。

下段の医師は外来診療を担当していて、フレッシュマンを終えて四、五年までの若手であった。そして、下段の下の段（通称、下の下の段）の医師はフレッシュマンで、下段の医師の下僕のような存在だった。外来に患者さんが来ると、いの一番に呼ばれて診察し、自分の手に負えない場合に、下段の医師に連絡することになっていた。

宿直の夜は徹夜を覚悟しなくてはならなかった。宿直の翌日も当然のこととして、そのまま病室や外来での診療に携わっていた。学生時代、柔道部に所属し、体重は軽く九十キロをオーバーしていて、体力には絶対の自信があったので、徹夜の連続でもへこたれることはなかった。

役に立ったチームワークの医療経験

アメリカのワシントンにあるジョージタウン大学への留学から帰国後、ある市立病院へ出向となった。留学で二年間臨床から離れていたので、帰国してすぐに二十人以上の入院患者さんを担当し、週に二回の外来診療、週に一回の宿直はかなりハードではあったが、自分への挑戦と心得て闘争的な気力を盛り上げていた。

病院のすぐ裏にある3ＤＫの一戸建ての官舎に入ったので、通勤時間ゼロ分で便利なことこのうえなかった。だが、病院と直通電話でつながっていて、何かあるとすぐに電話がかかってくるので、毎日、当直しているようであった。

ここでは内科系と外科系の医師が一人ずつ宿直していた。自分一人では手に負えない患者さんが来ると、内科、外科に関係なく協力し合い、それでもまだ手が足りないときには官舎にいる医者が駆けつけてくれた。

当時、官舎には外科医の三家族、内科医の三家族、産婦人科医の一家族が住んでいたので、大船に乗った気分で安心して宿直をすることができたのである。このときのチームワークの医療の経験が、杏林大学に職を得て、第二内科学教室を主宰するようになってからの教室運営に大いに役立った。

家からそう遠くないところにある救急指定病院へ向かう救急車が自宅の前をサイレンを鳴らしながら通過すると、当直をしていたはるか昔のことが思い出されて、これから診療を担当する医師に、ご苦労さん、と声をかける思いになる。

真夏の夜の夢

――生死の境目を感じさせる月光

命の危険を感じさせられる猛暑が続いた八月の満月に近い日の真夜中、トイレに起きたついでにキッチンに行き、冷蔵庫から薬缶に入っている麦茶をマグカップに半分ほど注いで飲んだ。冷たい麦茶が喉から食道を通って胃に落下していくのが心地よく感じられたが、眠気がちょっとだけ退いた。

居間のほうに目をやると、庭に面したガラス戸が厚手のカーテン越しにいつもより明るく見えた。庭は防犯用に設置された電灯で明るくなっていたが、それ以上に明るいように感じられた。そういえば何日か前の晩、門の扉を閉めに外に出たとき、そろそろ満月かなと思われる大きな月が道路を隔てた家の屋根のうえのほうに上っていたのを思い出した。

そうなると、この明るさは月明かりのせいなのかもしれないと思い、ガラス戸を開けて空を見上げると、まさに満月かそれに近いと思われるまん丸の大きな月が澄みきった漆黒の空の中にふんわりと浮かんでいた。目を凝らして見ると、粟粒のような小さな星が満天に広がり、その中のところどころにくっきりと見える星が点在していた。

星と詩が素晴らしいと感動するとき、その人は幸せなのだと言った人がいたが、誰だったか思い出せない。でも、そのときは、そうなのかもしれないと思った。外は庭の隅々まで見渡せるほどの明るさになっていた。煌々とした月明かりに照らされてこんなに明るくなった庭はこれまで見たこともないほどだった。

このままベッドに戻って寝てしまうのが惜しくなって、しばらく庭を眺めていようと思い、虫が入らないようにガラス戸を閉め、カーテンを大きく開き、庭が見渡せるソファーに座った。そこから月は見えなかったが庭の様子はよくわかった。家の中には寝室で寝ている家内と私だけで、静寂があたりをくまなく支配していた。

月光の銀白の光彩下の異様な空間とも感じられる庭をぼんやりと眺めているとき、

ときどき見かける小太りの白い猫がのそりと現れて、庭の真ん中の芝生のうえで立ち止まり、まるで月を見上げるようにしてから、また、のそりのそりと立ち去っていった。

そんな夢幻のような情景を茫然と眺めていると、もう何十年も前に患者さんから聞いた話が唐突に記憶の底から浮かび上がってきた。

患者さんから聞いた不思議な出来事

その患者さんは、親交があった開業医の義父に当たる八十代半ばの元小学校校長のKさんで、高血圧と軽度の心不全のために私の循環器専門外来に通院していた。Kさんがはじめて教授室に訪ねてきたのは、知人の診察を私に依頼するためだった。そのときからKさんは、私の空き時間をねらっていたかのように、ときどきふらっと訪ねてくるようになり、その予定外の来訪に戸惑うことはあっても、たいていは歓迎できるサプライズだった。それは、恬淡《てんたん》と語る品格のある話にいつも魅了されていたからだった。

Kさんが訪ねてきた十月末のその日は、秋の学会シーズンの真っ只中であったが、午後のすべての時間がぽっかりと空白になっていた。Kさんは午前中、持病の腰痛と膝の痛みのために整形外科を受診し、そのあと病院内のレストランで昼食をすませてから、二時過ぎに私の部屋を訪ねてきたとのことだった。

Kさんが訪ねてきた理由は、何日か前、夜中にトイレに起きたとき、何ヶ月ぶりかで狭心症の発作が起きたことを報《しら》せるためだった。Kさんは私が煎れた緑茶を美味しそうに飲みながら、狭心症の発作が起きたことをさほど心配しているふうでもなく淡々と私に話した。

狭心症の発作がそれ以降はまったく起きていないことから、心筋梗塞へ進展しやすい不安定狭心症ではなく、とくに心配する必要はないが、狭心痛が度々起こるか、痛みの程度がいつもより強いか、長く続くようなら、すぐに病院に来るように伝えた。これと同じ話は前にもしたことがあるので、すぐに別の話になった。

「実に奇妙なことがありましてね」

悠揚と語りはじめたKさんの話にすぐに耳を奪われてしまった。Kさんは夫人を何年か前に失い、以来広い庭のある一軒家に一人住まいをしていた。すぐ近くに娘の家族が住んでいて、毎日のように娘か孫が訪ねてきて、身の回りの世話をしていた。Kさんは夫人が病身であったこともあって、炊事を含めて家事全般を手伝っていたので、一人になってもそれほどの不自由なことがなかったが、近くに身内がいることの安心感がKさんの生きる力の支えになっていた。

Kさんは手先の器用な人で、ちょっとした大工仕事は自分でするし、庭木の手入れは春と秋に植木屋に頼んではいるが、細々とした庭の手入れは日々の仕事になっていたし、それが楽しみでもあったようだ。

九月の中秋の名月から一ヶ月遅れの満月の夜、多少雲が出ていて月が隠れることもあったが、それでも満月が雲の隙間をぬって地上に惜しみなく銀色の光を送り届けていたと、Kさんはそのときの状況を感慨深げに語った。

Kさんは庭に面した居間のガラス戸を全開し、部屋の灯りを消して、庭の全体がよく見えるところにリクライニングになる椅子を移動した。日本酒の入ったコップをサイドテーブルにおいて、月が見えるくらいに椅子を倒した。庭のあちこちから虫の鳴き声が激しくも、もの悲しく聞こえてきて、まるで多くの僧侶による読経の合唱のように聞こえたとKさんは語ったが、私もそれと同じような感慨で晩秋の虫の鳴き声を聞いた覚えがあった。

酒は好きだがそれほど強くないKさんは、その日にかぎっていつもの晩酌の倍近くの酒を飲んでいて、かなり酔いが回っていたらしい。

「うとうとしかけたときだったと思いますが、それでもあれは、まちがいなく妻でした」

Kさんは、亡くなった夫人が月明かりを浴びながら庭の草取りをしている姿をはっきりと見たというのだった。Kさんは、これは夢に違いないと思いながら、何度も見直してみたが、間違いなく妻だったという。Kさんはそのとき、夫人に言葉をかけようとしたが声が出ず、また、起き上がって庭に出ようとしたが、全身が金縛りにでもあったようにぴくとも動かなかったと言い、

「あれは、夢だったのでしょうか。それとも、幻を見たのでしょうか。あのとき、妻のそばに行けなかったことが残念でなりません」

とKさんが口惜しそうに話していたときの表情が今でも記憶に残っている。

そのころのことをあれこれ思い浮かべているうちに、うとうとしそうになってきたので、もう一度、月光を浴びて銀色に染まっている庭をゆっくりと眺めてから、ガラス戸のカーテンを閉めて寝室に戻った。

「月の光には不思議な魔力が潜んでいるのかもしれませんね」

あのとき、Kさんが言った言葉が耳元で囁かれているように思えた。そのとき私も、そうかもしれないと本気でそう思っていた。

悠々自宅の一日

――ゆったり時間を使うという贅沢

二月中旬の土曜日の朝、もうそろそろ起きてもいい時刻かなと思って居間に行くとまだ四時半だった。いつもより少し早かったが、そのまま起きることにして着替えをした。居間は四時に暖房のスイッチがオンになるようにセットしてあるので、ほどほどに温められていた。カーテンを少し開けて庭の様子を見ると、芝生のうえにうっすらと雪が積もっていて、まだ暗い庭を照らしている防犯用の灯りに照らされて、細雪が微かに降っているのが見えた。

何日も前から記録的な寒波が日本列島を襲ってくると報じられていて、関東地方の平野部にも積雪の可能性が高いと予想されていたが、その通りになった。

書斎の窓から外をのぞくと、街路樹のハナミズキの下がわずかに白くなってはいたが道路には雪はなく、ただ濡れているようにしか見えなかった。天気予報によると、昼過ぎから夜にかけて本降りの雪になるとのことなので、午前中にスポーツジムに行くには支障はないようにも思われたが、何もこんな日にわざわざ行くこともないと考えて中止することにした。そうなると丸々一日、悠々自宅で過ごすことになる。

きな粉入り牛乳でヘルシー朝食

朝食はもう長年、サラダボール一杯の野菜サラダかグレープフルーツを主食とし、それに納豆か豆腐、コップ一杯の牛乳にティースプーン二杯のきな粉を入れたものにしている。サラダは家内が夕食用のサラダを作る際に朝食用も作って冷蔵庫に入れてある。グレープフルーツのときは、果皮を剝き、小さく刻んで袋ごと食べることにしている。

その日は、グレープフルーツの一種で、とくに甘みのあるメロゴールドが手に入ったので、それにヨーグルトを加えた。朝食後、ようやく外が少し明るくなってきたので、ごみ出しに行くことにした。外の寒さが尋常でないことを予想して、襟巻きをし、外套を着て、サンダルではなく靴をはき、手袋をしての重装備で、ずっしりと重いゴミ袋を提げて外に出た。ピリッとする冷たい空気が顔にぶつかってきた。

玄関から門までの緩やかな傾斜になっているコンクリートのアプローチには、ところどころに車の滑り止め用に表面から少し出るようにして平らな石がはめ込まれている。それが今になっては躓《つまず》くのではないかと心配の種になっている。この門までのほんの数歩のアプローチのところどころに雪がうっすらと積もっていた。

霙《みぞれ》なのか、小さな雪の塊なのかわからないくらいに、ごくわずかにしとしとと降っていた。傘をさし、ゴミ袋を提げて、滑らないようにと、おっかなびっくりの格好でごみ収集所まで歩いていった。

家に戻って、コーヒーを淹《い》れて書斎に行き、リクライニングシートに座って、ゆっくりと新聞に目を通した。庭に面したガラス戸のカーテンを大きく開けて庭がよく見えるようにした。雪化粧をした庭を見るのは久しぶりだった。一日を通して、出かける用事もないし、どうしても今すぐ片付けなくてはならない仕事があるわけでもない。

一日中、こうして雪景色を眺めながら、何もしないでぼうっと過ごしていても誰からも文句を言われずにすんでいられることに心の安らぎを感じた。そうは言っても貧乏性の私が何もしないでじっとしていられるのはせいぜい、一、二時間が限度で、それを超すと落ち着かない気分になる。

今の私には、医者としての仕事以外に、読み、書き、運動が日々の生活の支柱になっている。中でも、想ったり、感じたりしていることをエッセイの容《かたち》に整えて、残しておきたいという欲求が活力の源になっている。

三十五年続けている健康記事の切り抜き

頭に浮かんだことをもっと広く、深く考えるための資料が必要になったときには、長い年月をかけて築き上げてきた資料探しの有力な手段が手元にある。今でも病気や健康に関する国内国外の医学雑誌や新聞の記事を切り取って大学ノートに貼って保存している。

これを始めたのは一九八二年からなのでもう三十五年以上も続けていることになり、

ノート数は九十一冊になる。ノート一冊（八十頁）には八十個の資料があるので、全部で七千二百ほどの資料が手元にあることになる。

ファイルメーカーのデータ検索用のアプリを用いて、パソコンに資料のタイトル、キーワード、ノートの番号、ページを打ち込んである。知りたい事項をキーワードに置き換えて探索すると、タイトル名、ノート番号、ページが出てくる。

その日は「長寿の条件」について考えをまとめようと思い、「長寿」をキーワードにして探索すると、百三十八個の長寿に関するタイトル名が出てきた。そのタイトル名を見渡して、今考えていることの参考になりそうなものをピックアップして読むことにした。

そこには、「長寿の秘訣」「勉強は意外な長寿法」「長寿と老化、くよくよしないが秘訣」「のんびり、気楽な生活で短命に。長寿の秘訣に意外な落とし穴」「カロリー制限による延命効果」「大豆食品高摂取が生命予後に好影響」「コーヒーで長寿アシスト」など興味深い記事がいろいろ出てきた。

とりあえず、これらの記事に目を通してから、長寿についての問題点についてまとめてみることにした。

それがすんだら、三島由紀夫の『豊饒の海』の第四巻「天人五衰」の続きを読むことにした。この長篇小説は難解な言葉や文章が多すぎて、読解するのに時間がかかり、なかなか前へ進めなかったが、ようやく終わりに近づいてきた。文学的素養のない私にはこの作品を味読するには難しすぎたが、天才作家の文体に触れていることに感動しながら読むことができた。それもあともう少しで終わりになる。

窓の外に目をやると、積もりそうではないがまだ小さな雪が舞っている。時間がゆったりと流れているのが伝わってくる。

＊本書は書き下ろし作品です

石川恭三（いしかわ　きょうぞう）
一九三六年、東京生まれ。慶應義塾大学医学部大学院修了。ジョージタウン大学留学を経て、杏林大学医学部内科学主任教授。現在は名誉教授。臨床循環器病学の権威で、専門の心臓病に限らず幅広く活躍。執筆活動も盛んで、著書多数。主な著書に『心に残る患者の話』『医者の目に涙ふたたび』『医者が見つめた老いを生きるということ』『医者いらずの本』『死ぬ前の覚悟』『名医がすすめる定年からのいい生き方』『50歳からの健康歳時記』『60歳からの5つの健康習慣』『命の時間を抱いて』『医者いらずの老い方』『一読、十笑、百吸、千字、万歩』『沈黙は猛毒、お喋りは百薬の長』『老い越せ、老い抜け、老い飛ばせ』『いい老い加減』『百歳を生きる処方箋』など。

老いのトリセツ

二〇一九年一一月二〇日　初版印刷
二〇一九年一一月三〇日　初版発行

著　者　石川恭三

装　丁　坂川事務所
発行者　小野寺優
発行所　株式会社河出書房新社
〒一五一－〇〇五一
東京都渋谷区千駄ヶ谷二－三二－二
電話　〇三－三四〇四－一二〇一（営業）
　　　〇三－三四〇四－八六一一（編集）
http://www.kawade.co.jp/

印刷・製本　中央精版印刷株式会社

Printed in Japan　ISBN978-4-309-02840-8

河出書房新社・石川恭三の本

一読、十笑、百吸、千字、万歩

八十歳・現役医師が提唱する、実りある老いを生きるための最良の方法！　無理なく続けられる健康法の数々。書き下ろし三十六篇。

沈黙は猛毒、お喋りは百薬の長

笑顔の老後に向けて、今すぐできること！　お喋りと早歩きの驚くべき効用等、日常生活での健康の知恵が満載。書き下ろし三十六篇。

老い越せ、老い抜け、老い飛ばせ

今日一日、明るく生きましょうよ！　名医が教える老化防止の秘策、元気に歳を重ねるための極意、三十六篇。豊かな老いへの第一歩。

いい老い加減

喋って、動いて、考えて、よく寝て、よく食べ、よく笑え！　笑えば気分爽快、免疫力もアップ！　老い方上手の秘訣を綴る三十二篇。

百歳を生きる処方箋

人生百年時代！　老いへの長い道を元気に楽しく歩むには？　無理なくできる五つの生活習慣を、名医が教える書き下ろし三十二篇。